黑龙江省冰雪体育资源开发及产业发展研究

马秀玉　　白海军　　张家铭 ◆ 著

吉林出版集团股份有限公司
全国百佳图书出版单位

图书在版编目（CIP）数据

黑龙江省冰雪体育资源开发及产业发展研究/马秀
玉，白海军，张家铭著．— 长春：吉林出版集团股份有
限公司，2023.7
ISBN 978-7-5731-3963-4

Ⅰ.①黑… Ⅱ.①马…②白…③张… Ⅲ.①冰上运
动－体育产业－产业发展－研究－黑龙江②雪上运动－体
育产业－产业发展－研究－黑龙江 Ⅳ.①G862②G863

中国国家版本馆 CIP 数据核字（2023）第 141415 号

黑龙江省冰雪体育资源开发及产业发展研究

HEILONGJIANG SHENG BINGXUE TIYU ZIYUAN KAIFA JI CHANYE FAZHAN YANJIU

著　　者　马秀玉　白海军　张家铭
出 版 人　吴　强
责任编辑　赫金玲
装帧设计　李艳艳
开　　本　787mm×1092mm　1/16
印　　张　8.5
字　　数　218 千字
版　　次　2023 年 7 月第 1 版
印　　次　2023 年 9 月第 1 次印刷

出　　版　吉林出版集团股份有限公司
发　　行　吉林音像出版社有限责任公司
　　　　　（吉林省长春市南关区福祉大路 5788 号）

电　　话　0431-81629679
印　　刷　吉林省信诚印刷有限公司

ISBN 978-7-5731-3963-4　　定　　价　58.00 元

如发现印装质量问题，影响阅读，请与出版社联系调换。

前　言

　　2022 年北京冬奥会的成功举办，极大地激发了人民群众参与冰雪体育的热情，为我国冰雪体育的发展创造了更多的机遇与动力，全国各地纷纷加大对冰雪资源的开发力度，大力推进冰雪体育运动的开展。发展冰雪体育，既能够提高国民对冰雪体育的认知，又能改善国民体质，符合中国体育事业发展的长远目标。黑龙江省独特的地理优势和丰富的冰雪资源为冰雪体育产业的快速发展提供了有利条件。多年来，黑龙江省不断地发展冰雪体育产业，使冰雪体育成为黑龙江省旅游的重要品牌和支柱。

　　冰雪体育的产生是以冰雪体育资源为前提的，正确认识冰雪体育资源价值是了解冰雪体育产业发展水平，促进冰雪体育产业发展的基础。冰雪体育产业作为黑龙江省经济的重要部分，对其进行深入分析与探索是新经济环境下推动黑龙江省冰雪体育产业发展的重要方式，而且有利于加快推进黑龙江省冰雪体育资源产业化开发的实践探索，加快冰雪体育资源产业化所需路径的形成，使黑龙江省冰雪体育产业具有持续的竞争优势。

　　冰雪体育产业是黑龙江省的优势产业，在其发展过程中，必须构建科学的冰雪产业体系，全面推动冰雪体育产业链的形成与完善，只有这样才能切实提升黑龙江省冰雪体育产业的整体发展水平，真正发挥冰雪体育产业对经济、文化、旅游等相关产业的作用。

　　本书以冰雪体育资源与冰雪产业发展为研究基础和切入点，全面分析了黑龙江省冰雪体育资源的现状，进一步探究了黑龙江省高校冰雪体育课程资源、冰雪体育旅游资源、冰雪体育人力资源开发方案，明确当前黑龙江省冰雪体育资源产业化开发的基本情况及挑战，深入提出了黑龙江省冰雪体育资源产业化开发策略。同时，对黑龙江省冰雪体育产业发展面临的问题及发展的路径进行探索研究，讨论了黑龙江省冰雪体育旅游产业、冰雪体育赛事产业等与冰雪体育资源相关产业的发展策略，以期能够为黑龙江冰雪体育产业的可持续发展提供一定的理论帮助。

　　本书在撰写过程中，借鉴和参考了国内外许多专家学者的最新研究成果和出版文献，在此表示诚挚感谢！由于作者水平有限，不当之处敬请各位专家、同行和广大读者多加指正，以便进行修订和完善。

作　者

2023 年 2 月

目　录

第一章　导论

第一节　冰雪运动概述

一、冰雪运动的起源与发展

冰雪运动是由寒带冰雪地区的人类为了适应和利用环境更好地生存、生活而逐渐发展起来的。滑雪最初是为创造条件以利于生存并以运输、狩猎及通信为目的融入人们日常生活的。滑冰则是从滑雪演变而来，最后形成了体育运动。冰雪运动已经成为冬季奥运会竞赛项目的主要组成部分，一般分为冰上运动和雪上运动。

1676年，在荷兰一条封冻的运河上举行了最早的速度滑冰比赛。后比赛场地由城镇发展至环城，为了利于观看，演化出距离160～200米的"U"形跑道，后来形成封闭式椭圆形400米标准跑道。第一个滑冰组织者爱丁堡俱乐部于1742年在英格兰创立。1850年美国的布什内尔制造了第一副钢质冰刀，这一时期挪威人保尔森发明了现代管式冰刀，提高了速度滑冰运动水平。

18世纪末到19世纪初，滑雪运动从挪威逐渐扩展到欧洲各地，20世纪滑雪运动在欧洲、美洲逐渐普及。1924年滑雪运动第一次进入奥运会，同年，国际滑雪联合会成立。在19世纪末期，这项运动开始传入中国。中国最早参加国际性滑雪比赛是在1961年，首次参加的冬奥会是1980年第十三届冬奥会。1981年正式恢复我国在国际滑雪联合会的合法席位。

2015年成功申办冬奥会以来，冰雪运动逐渐成为中国老百姓的时尚运动方式。"带动三亿人参与冰雪运动"也从愿景变为现实。

根据国家统计局统计结果，从2015年北京冬奥会申办成功到2021年10月，全国参与冰雪运动人数达到3.46亿，居民参与率达到24.56％。"带动三亿人参与冰雪运动"的承诺已经实现，这是北京冬奥会的成果之一。随着冰雪运动普及程度的提高，冰雪运动文化的广泛传播，大众对冰雪运动的喜爱程度逐步提升，冰雪运动自发参与率也逐步提高。

二、冰雪运动的内涵

冰雪运动属于体育运动项目，泛指在冰上与雪地上进行的各种运动。因该项目通常在零摄氏度左右的环境中完成，因此，对运动员的灵敏性、耐力与速度有一定要求。冰雪运动起源于滑雪，后来发展出驯鹿、雪橇犬等在冰雪上拉动雪橇奔跑；由熟练的技巧和飞快的速度发展为冰球场上的激烈碰撞与竞争；由天然的冰雪环境发展到现代化气息浓郁的场地。实际上，冰雪运动是人类面对冰雪这种严酷的自然环境时，对其顽强地抵抗与挑战的产物。冰雪运动是不断挑战人类极限的运动。经过不断发展，冰雪运动孕育出了积极向上的健身运动文化。

三、冰雪运动的分类

根据运动环境的不同，一般可以将冰雪运动分为冰上运动与雪上运动两种，冰上运动是指人们借助冰刀或其他器材在冰面上进行的运动。冰上运动主要包括速度滑冰、花样滑冰、短道速度滑冰、冰球、冰上溜石等。雪上运动是冬季奥运会的重要组成部分。雪上运动主要指借助滑雪板或其他器具在雪地上进行的各种滑行运动。雪上运动主要有高山滑雪、越野滑雪、跳台滑雪、自由式滑雪、雪橇运动、速度滑雪等。

冰雪运动作为一个特殊的运动项目群，有其详细的分类（图1-1），有其单独的、世界范围的大型运动会——冬季奥林匹克运动会。每个运动项目又都有自己的国际单项体育组织。现在，获得国际奥林匹克委员会承认的国际冬季单项体育组织和各组织所属的列入冬季奥运会正式比赛项目的有：国际滑冰联盟（速度滑冰、短道速度滑冰、花样滑冰），国际冰球联合会（冰球），国际滑雪联合会（越野滑雪、高山滑雪、跳台滑雪、自由式滑雪），国际现代冬季两项联盟（现代冬季两项），国际有舵雪橇和平底雪橇联合会（有舵雪橇），国际无舵雪橇联合会（无舵雪橇），世界冰上溜石联合会（冰上溜石）未被列入冬季奥运会正式比赛项目，但曾作为表演项目的有班迪球和速度滑雪。

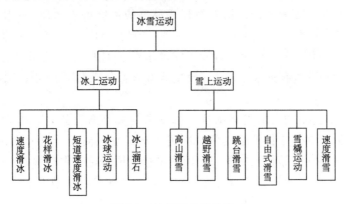

图 1-1　冰雪运动的分类

第二节　冰雪文化概述

一、冰雪文化的传承

（一）校园冰雪文化的传承

校园已经日益成为冰雪文化重要的传承基地。树立"健康第一"的理念是校园体育文化建设的精髓。学校体育教育的使命是使学生成为具备较好身体素质，拥有终身体育运动习惯等的全方位、综合性、高素质人才，这也是传承校园冰雪文化建设的重要内容。

冰雪文化是北方学校校园文化建设的重要组成部分。北方学校可以以冰雪文化为载体，以学校为平台，开展丰富多彩的冰雪体育教学课程，如滑冰、雪地足球、滑雪、冰球、雪地冰球、冰壶等。让学生在冬季寒冷的条件下进行体育锻炼，培养学生勇敢、顽强、进取的精神，使学生养成参加体育锻炼的好习惯，提高其身体耐寒能力和不畏艰难同困难顽强作斗争的意志品质。学校还可以开展冰上"嘉年华"活动，像开冰雪运动会一样，开展冰上跳大绳、冰上拔河、速滑、抽冰嘎、冰上保龄球等丰富多彩的活动，这既能激发学生参与冰雪体育活动的热情，又能让学生体验冰雪体育活动的乐趣。

随着北京冬奥会成功举办，冰雪体育迎来了前所未有的发展机遇，学校作为传承冰雪文化的有效平台，应当重点推进冰雪体育课程教学改革与建设。首先，学校要大力开发冰雪体育校本课程和教材建设。充分利用北方冰天雪地的资源优势，开展冰雪体育课程，争取让每个学生都能掌握一两项冰雪体育运动。其次，丰富冰雪体育赛事活动，提升冰雪体育活动质量，大力开展阳光体育运动，不断推进"百万青少年上冰雪"活动，如举办赏冰乐雪冬令营，开展学校之间的冰雪比赛交流活动，拓宽学生冰雪体育运动的视野，达到增强学生冰雪体育运动技能的目的。最后，加强师资队伍建设，为培育冰雪体育特色学校奠定基础。学校应大力引进年轻化、高学历、高技能的运动员、教练员、裁判员等人才，提高冰雪体育教育师资质量，要不断建立和完善师资培训体系、冰雪体育教练制度、冰雪体育专业人才库，在各方面条件具备后可与当地体育局联合建设冰雪体育运动特色学校，以推动冰雪体育运动进校园活动，丰富校园文化活动，进而使冰雪文化在校园文化广阔多彩的平台上扎根深植，不断发展壮大，实现对冰雪文化的有效传承。

(二) 冰雪艺术文化的传承

冰雪艺术是中国北方冰雪地区的人民在冰天雪地的自然环境中创造出的具有审美价值的艺术，是时空特点强烈的审美享受艺术，是具有享用价值的独特艺术，是冰雪艺术家表达自己和人类美学理想、欣赏者得到美的感受的活动，是冰雪文化的美学表现形式，是冰雪文化的组成部分，是冰雪时空下的艺术奇葩。冰雪艺术是用冰雪塑造形象，或以塑造与冰雪有关形象来表达作者思想感情的一门艺术，包括冰雪雕塑、冰雪音乐、冰雪书画、冰雪文学、冰雪影视等。在生产生活中对冰雪艺术的创作构成了冰雪文化传承的重要组成部分。

冰雕、雪雕两种艺术形式，在创作的过程中其灵感来源于现实的生产与生活。艺术家通过这些创造活动再现了冰雪世界里的人们对美的寻求与展望。就冰雕、雪雕艺术而言，哈尔滨是冰雪艺术文化传承的重要基地，有许多有效传承的现实样板。仅以黑龙江大学为例，在冰灯、冰雕教学和培育方面，黑龙江大学独树一帜，成为黑龙江省唯一获得人才培养类项目的高校，成功申报了国家艺术基金人才培养项目"冰灯冰雕艺术设计与实践人才培养"。黑龙江大学立足于以黑龙江省为中心的冰雪文化产业和冰灯冰雕非物质文化遗产的传承，集高校人才培养的优势，整合社会资源，以满足我国对冰灯冰雕艺术人才的需求，为我国冰雪文化产业建设和北京冬奥会培养了大量冰雪艺术创作人才。黑龙江大学学生在全国大学生冰雕艺术设计创作大赛上表现突出，获奖作品多次在哈尔滨冰灯游园会和冰雪大世界进行展览。其中，雪雕参赛作品"圆梦"在首届"雪乡杯"黑龙江省大学生雪雕比赛中获一等奖。黑龙江大学对冰雪艺术文化的传承，不但提升了大学生的艺术创作水平，而且拓展了黑龙江省冰雪文化的影响力。

在冰雪音乐艺术方面，耳熟能详的《我爱你，塞北的雪》传遍大江南北，歌词语言朴实，富有诗意，能让人联想到北国雪花飘飘的景色，给人以美的感受，实现了对冰雪艺术的有效传承。

冰雪方面的文学作品也有诸多经典之作，对冰雪文化的传承起到了重要的作用。《沁园春·雪》诗词通过描写北国雪景，赞美雪中的壮丽河山，表现了祖国河山磅礴的气势，抒发了作者伟大的抱负。《林海雪原》讲述的是解放军顶风冒雪夜袭匪帮的故事。这个描写滑冰、滑雪战斗的艺术文学故事，也是古往今来我国冰雪艺术文化在军事上传承与发展的经典范例。

冰雪艺术凝聚着北方冰雪地区人民的劳动精神，是冰雪地区人民智慧的结晶。这些具有审美价值的艺术作品，其艺术价值体现的是艺术对人生命活动的本源性功能和意义，是有关人的生命总体的文学意义上的概念，其价值是不可估量的。这就要求我们在生产实践活动中，切实加强对冰雪艺术文化的有效传承，实现人类文化的可持续发展。

（三）冰雪运动文化的传承

冰雪运动最初是人类为了生存而创造的利用大自然冰天雪地恶劣气候条件为自身服务的活动，冰雪运动是随着北方寒带冰雪地区人类的劳动生活逐渐发展起来的，在生产、生活中世代传承。伴随着我国古代北方冰雪体育的持续发展以及朝代的更迭，到清朝时，冰雪运动已形成一定规模。"冻合琉璃明似镜，万人围看跑冰来"，描述了当时万人空巷观赏冰上运动会的情形，说明当时已具备现代速度滑冰、花样滑冰、冰上集体表演、冰上射球的基本形态。"城下长河冻已坚，冰床仍着缆绳牵；浑如倒拽飞鸢去，稳便江南鸭嘴船。"清代诗人文昭在《京师竹枝词》中描写了当时玩冰床的情景。

2016年成功举办的中华人民共和国第十三届冬季运动会，鸟瞰其冰上运动中心场馆，犹如一朵雪莲花在天山微笑绽放，彰显了设计师的独具匠心，这是将民族地域特色与冰雪建筑艺术有机融合的完美体现。而2020年中华人民共和国第十四届冬季运动会，既是我国冰雪健儿在2022年冬季奥运会前的演练，又是贯彻实施我国"北冰南展"冰雪体育运动项目重要发展战略的体现。中国成功申办冬奥会犹如对中国冰雪运动的各项发展打了一针强心剂。历史上包括奥运会、亚运会、全运会等在内的任何一届综合性运动会的举办，都会给举办地留下体育文化、体育精神、体育人才等多方面的宝贵遗产。

综上所述，中国北方冰雪文化是在冰雪自然环境中生活的人民，以冰雪生态环境为基础所采取或创造的有"冰雪符号"的生活方式，是人民在冰雪生态自然环境下创造的独特的文化情景和模式，是这一社会条件下北方冰雪地域人民从事经济活动、社会活动的文化生活内容。实现中国北方冰雪文化的有效传承，对促进社会主义精神文明建设，构建和谐社会具有重要的作用。综观历史长卷，可以领略到人们在冰天雪地中奋勇抗争、顽强拼搏的斗志，可以体会到人们苦中作乐、力臻美好的境界，可以感悟到人们创造美的智慧，可以感受到人们正直勇敢、唯善唯美的品格。北方是传承冰雪文化的沃土，北方冰雪文化有着丰富的物质层面和精神层面的内涵，需要全方位传承。冰雪文化具有独特的魅力，我们应将冰雪文化世代传承并不断创新发展，这既是对冰雪文化的传递与珍视，也是对自身发展驱动力的重新认识，有利于促进我国冰雪文化的繁荣发展，提升国家文化软实力。

（四）冰雪产业文化的传承

1. 发挥地域优势，打造特色冰雪文化产业

独有的地域资源生态环境，使北方地区发展冰雪文化具有得天独厚的条件。由于气候寒冷，一年中有半年时间可进行冰雪产业的开发和利用，因此东北地区有条件打造冰雪品牌特色文化产业。冰雪运动赛事的举办，涉及交通、酒店、餐饮、安保等方面；现代滑雪场与滑冰场的运营带动周边相关产业的迅速发展；国外的滑雪街、滑雪村、滑雪城等多元化复合型

产业链形成的成功经验，为我们进一步完善和开发冰雪产业文化提供了借鉴。

2. 实施"北冰南展"战略，发展冰雪旅游产业

随着冰雪文化产业的不断发展，冰雪旅游知名度不断提高，使冰雪旅游成为热点。我国许多城市先后建起了现代化的滑雪场、滑冰场，如河北、新疆维吾尔自治区、内蒙古自治区、云南、北京等地都在打造冰雪旅游和冰雪节庆活动，四川也出现了西岭赏雪、峨眉山赏雪和南国冰雪节，南方的冰雪产业也在不断发展，室内滑冰场已遍布全国各地，就连广东、江苏、上海等地也都建起了室内滑雪馆。"北冰南展"的战略已经实现，且正在不断地蓬勃发展，冰雪文化旅游产业已不再是东北的专利。

3. 树立冰雪文化品牌，促进冰雪产业多元化发展

冰雪产业文化的发展既要有现代化的场地、设施等硬件条件，又要有拥有名胜景观的自然环境和优质服务的软件条件。因此要推动冰雪相关产业链的开发建设，充分挖掘、整合自然资源，优化环保、安全等，打造精品，以满足不同人群对冰雪旅游的需求。要利用中国四大自然奇特景观之一的"吉林雾凇"，中华名山、雪域王国长白山，北国冰城哈尔滨"冰雪大世界"等自然名胜，加强区域合作、资源共享，实现优势互补、互利共赢。联合旅行社、酒店、景区、航空公司等有关部门，根据客源市场的实际需求，精心设计、策划精品旅游路线。

4. 挖掘冰雪产业资源，带动区域经济增长

培养高素质的科研人才，加强冰雪产业旅游设施，研制滑雪器材、装备，研发独具特色的冰雪文化旅游产品和纪念品，编制有关健身技能的宣传画报和光盘等科普宣传资料，丰富冰雪文化产业体系，满足人们日益增长的旅游消费需求，可使游客在休闲旅游、放松娱乐的同时进行学习，一举多得，可让冰雪文化产业成为新的经济增长点，推动冰雪旅游产业的不断发展。

二、冰雪文化的发展

随着人们生活内容的丰富和生活水平的提高，冰雪文化呈现出以下几种发展趋势：内容向丰富多彩的趋势发展，人群向更广消费阶层发展，活动向产业化方向发展。人们生活阅历在不断增长，对冰雪文化的创意和理解也越来越多样化。随着各种滑雪场馆的建设、滑雪装备的健全，冰雪文化越来越普及，使滑雪运动成为一种全民运动，向着更广泛的人群发展。滑雪运动本身可以作为一种旅游项目，它涉及交通、餐饮、住宿、服装等各个方面。一座设施健全的滑雪场会拉动周边其他产业的发展，形成产业化发展。冰雪文化可以设置多种旅游搭配模式，如观光—动手操作—滑雪、滑雪—观光—购物、滑雪—度假—购物等多样化的旅游形式，集娱乐、健身、修养于一身，增强冰雪文化的吸引力，使游客逗留时间延长。因此应积极探索更多的冰雪文化展现形式，开发相关特色产品。冰雪文化属于旅游文化，涉及的产业丰富多样，冰雪文化的发展对其他产业的发展、对产业链的形成都有着重要的作用，能带动地方甚至我国经济的发展。

（一）冰雪文化的发展趋势

1. 内容向丰富多彩的趋势发展

群众性的冰雪休闲、比赛活动会越来越多，此类活动需要充分根据地域特点、人员特点

开展，做到因地制宜、因人而异、形式灵活多样，需要将滑雪活动的娱乐、休闲与比赛、竞技相结合，以激发滑雪爱好者对滑雪运动产生更大的兴趣。适合广大群众的滑雪产品，会向着多样、简单、安全的方向发展，从而促使滑雪活动更加丰富多彩，更加安全和舒适。

2. 人群向更广消费阶层发展

之前参与冰雪运动的人群主要是专业运动员和滑雪爱好者。随着冰雪文化的发展，普通消费者也开始参加冰雪运动。我国热爱冰雪旅游的消费人数逐年上升。每年到了春节旺季，如果不提前预订宾馆，在滑雪场附近就将很难找到住处。如今冰雪运动在人们的日常生活中，尤其在经济发展中，是一个很有刺激性的影响因素。所以，随着社会的进步以及经济的发展，冰雪旅游必将向着更优质、更便捷、更高效的趋势发展。

3. 活动向产业化方向发展

冰雪运动涉及旅游、纺织、化工、交通、餐饮、酒店、机械加工、建筑等许多行业领域。运营一个有一定规模的滑雪场，会拉动周边其他产业，形成一个相对独立的经济生活"滑雪实体区域"。观光滑雪、滑雪购物、滑雪保健、滑雪度假等一系列观光滑雪套餐的出现，以及服务质量的提高，可以延长旅游者在滑雪地的停留时间，并自然地把冰雪体育、冰雪旅游、冰雪艺术、冰雪娱乐、冰雪文化、冰雪经贸、冰雪研修、冰雪灯展、冰雪客栈等产业融为一体。冰雪文化涉及的行业领域很广泛，所以冰雪文化的发展可以拉动产业链的形成，推动地区经济的发展，以及人们文化素质的提高、思想的进步。

（二）冰雪文化发展对策

1. 拓展冰雪运动参与群体

学生是冰雪文化在当代最为重要的发展对象，学生普遍没有受到太多商业元素的影响，并且具有较高的文化素质和艺术水平。学生既可以作为新生力量去创建和发展更多的冰雪运动，又可以稳固冰雪运动的发展将其不断延续，从侧面为商业化添加更多运动原创元素，增强冰雪运动的吸引力。黑龙江省独特的气候环境和庞大的学生基础为冰雪文化和冰雪运动带来了强大支撑，但目前在以黑龙江省为例的东北地区，个别学校对冰雪文化的认识还不到位，开展冰雪运动的力度还不够，组织发展的力度还有待提高。

在冰雪文化的推进过程中，一定要避免盲目宣传冰雪文化，使群众对冰雪文化内涵的理解出现误差。一个成熟的冰雪文化市场要帮助群众从文化中寻找心理上的认同，可以通过举办冰雪文化项目不断进行宣传；也可以寻找最适合发展冰雪项目的路径，将高素质人才作为目标（如高校在校生），而后引发社会对冰雪文化的关注。以学生为重点是一种有计划的循序渐进的发展推进方法。因为学生接受事物和传播事物的能力是很强的，可以有效带动社会的关注，在宣传的同时也能为冰雪文化带来许多文化原创元素。所以说良好的发展策略的实施是冰雪文化推进过程中必不可少的一项工作。

冰雪运动是一项具备竞技、娱乐多重内涵的运动，冰雪运动在黑龙江的发展过程中有着良好的环境优势和资源优势。黑龙江各学校要紧抓这样的优势进行冬季冰雪运动课程的开展，提高授课教师的专业素质，并对开展冰雪运动的场地进行建设。一方面，可以丰富学生冬季的娱乐活动和课余生活；另一方面，也可以有效增强学生的身体素质，并对黑龙江省教育有着很强的辅助性作用。

冰雪运动有许多种类，其中滑冰是学校可以自行建设冰场供学生使用的。但滑雪项目的开展是需要一定条件的，在黑龙江省降雪量丰富的地区分布着许多滑雪场，这些滑雪场有大有小，各校可以根据学校的条件和学生的数量有选择地与当地滑雪场进行合作，滑雪场也可以对学校提供多种服务措施。只提供场地或者接收学生，并对学生进行滑雪专业培训，可以是有偿的，同时学校也可以抓住目前学生对滑雪的兴趣和许多滑雪场缺乏专业教练人员的现状，在丰富学生课堂学习的同时，从中选拔出一些滑雪运动专业能力强的学生并鼓励他们到滑雪场做实习教练，使学生在实现自身价值的同时，体验社会生活，为将来步入社会打下基础。但在开展滑雪课程时，学校要注意滑雪场与学校的距离问题。滑雪场一般都建造在远离市区的地方，虽然部分学生对滑雪课程热情很高，但也要顾及其他学生的身体情况和个人喜好，对滑雪课程实行选修课形式，不强迫学生参加，并实施人性化的教学。

冰雪文化中除了冰雪运动之外，冰雪雕塑是另一种贴近学生生活的形式。在我国北方地区，冰雪雕塑是冬季必不可少的特色景观。近些年来，冰雪雕塑逐步发展并被认可，从群众中涌现出不少冰雪艺术工作者和冰雪雕塑爱好者。以冰雪雕塑在冰雪大世界中的成功发展为例，各大高校可以依靠气候自然环境的优势，在冬季将冰雪雕刻引进学校的课程当中，开设冰雪雕塑的专业课程，帮助学生提高雕塑手法，使其雕塑技能更具专业性，让学生充分发挥自己的想象力，从而调动学生的行动力，从冰雪雕刻中创造冰雪文化。同时，鼓励学生参加关于冰雪雕塑的各项比赛，在提高艺术水平的同时，增强学生的自信。

2. 树立冰雪文化品牌，打造特色冰雪文化产业

在结合地方特色领域的基础上，树立冰雪文化品牌，以寒冷为特色对地方旅游进行宣传，促进特色旅游业的发展。以黑龙江省漠河市为例，漠河市处于我国最北端，冬季天气寒冷，常年平均温度较低，在这样的地理环境下，近年来该地建设了北极村旅游基地、冰雪风情小镇等多个旅游基地。在基地中设置各种具有当地文化元素的冰雕、雪雕，开展各种丰富的冰雪文化展览，并建立了特色滑雪场，组织冰雪运动比赛。这一系列冰雪旅游产业的发展，让游客真正体会到了冰雪文化的魅力，激发了游客对冰雪文化的热情。

在冰雪文化中最为突出的就是冰雪运动。冰雪运动对温度和场地都有特殊要求，要求场地环境温度较低，并要有大量的冰雪。冰雪文化最大的一个条件就是天气寒冷。这种寒冷的天气长久以来对人们生活造成负面影响，但现在却成为区域发展冰雪产业的比较优势。黑龙江省在冰雪文化发展的过程中，可以利用这种得天独厚的气候条件，引进各种冰雪运动赛事，同时发展多元化的冰雪产业，吸引更多的人前来参观和游玩；可以将冰雪运动的相关配套产业发展起来，形成产业链，为冰雪文化的对外宣传打下基础，促进区域经济的发展。

3. 进一步开发与利用冰雪文化艺术景观

在冰雪文化的发展历程中，艺术景观一直是冰雪文化的基础产业。在很久以前，冰雪文化的艺术景观普遍以冰雕的形式出现。每逢冬季，在寒冷地区居住的人们都会举行冰雕或冰灯等活动来增添节日气氛。这种独特的艺术形式延续至今，不但吸引了无数的旅游爱好者前来观赏，而且许多具有当地民族风情的艺术形式也得到了人们的关注，如剪窗花、秧歌、二人转等。

人们在经济稳定后对文化有了更高的需求，对特别的文化尤为感兴趣。因此，在冰雪文化的发展过程中，要抓住人们对文化的这一需要，以冰雪文化内涵为中心，与当今社会的发展热点进行融合，将原有的冰雕展、雪景艺术设计等文化展示类项目进行内涵丰富和特色升华，营造出一种文化性与娱乐性共存的独特文化氛围，不断制造冰雪文化热点，从而拓宽大众参与冰雪运动、冰雪休闲活动、冰雪旅游的深度与广度。可以预见，冰雪文化的发展前景无限广阔。

4. 提高现代化管理水平，实现冰雪经济可持续发展

坚持以人为本，安全第一，寓管理于服务之中；坚持节能环保，合理利用资源，推进各地特色旅游业的不断发展，保证冰雪文化产业在资源开发与投资决策、产品设计、生产与销售服务等环节的规范化和科学性；加大对冰雪文化产业的投入和宣传，不断扩大经营规模，实现冰雪文化产业的健康和可持续发展。

随着社会经济的发展，社会经济水平得到了提高，在经济的支撑下，人们逐步对冰雪文化这种蕴含区域特色的文化产生了更多的兴趣。这就促使更大规模的冰雪文化的逐步形成，其中对冰雪体育产业的重点发展，将冰雪运动中竞技的项目变得更加大众化，从而激起全民共同参与冰雪运动的热情。现代人们注重身体健康和精神健康，冰雪文化可以同时满足这两种需求，冰雪文化在满足人们不同的需求的同时，其更多内涵被深入挖掘，使其在发展中更加具有多元性和专业性。随着冰雪休闲、冰雪旅游项目的逐渐兴起，冰雪产业得以整体提升，不仅提高了人们对冰雪文化的认识，而且还为区域经济的可持续发展起到支撑作用。

5. 发展冰雪旅游产业，促进冰雪产业多元化发展

冰雪文化是特色旅游的重要元素。随着特色旅游的发展，冰雪文化也逐步提高了其在全国范围的知名度，许多寒冷地区的城市争相开发旅游产业，并将冰雪旅游作为重点，且都取得了良好的成果，大大推动了区域经济的发展。同时，为了满足更多人对冰雪文化的追求，一些南方城市也建造了室内滑雪馆以供人们感受冰雪魅力。多元化发展的冰雪产业，推动各地不同程度地开展冰雪项目建设，实现了"北冰南展、北雪南移"。

冰雪产业文化的发展既要具备现代化的场地、设施等硬件条件，又要具备有名胜景观的自然环境和优质服务的软件条件。因此，要充分挖掘、整合自然资源，优化环保、安全等环境，开展丰富多彩的冰雪运动，以满足不同人群对冰雪旅游的需求，推动冰雪相关产业链的开发建设。

第三节 黑龙江省冰雪体育资源价值分析

一、冰雪体育资源价值体系

冰雪体育资源价值是冰雪体育产业竞争力形成的必要条件，直接影响着冰雪体育产业的发展。冰雪体育资源价值主要包括：经济价值、生态价值和文化价值，它们构成了冰雪体育的资源价值体系（图 1-2）。

图 1-2　冰雪体育资源价值体系

（一）经济价值

冰雪体育资源的经济价值体现在其观光旅游利用的使用价值和作为资源可持续开发的再利用价值，包括景观奇特程度、适于游憩程度、规模与丰富程度、知名度和影响力、适游周期、适游范围和服务质量等。冰雪体育资源的经济价值具有展示地区冰雪体育产业、吸引游客观光旅游和休闲度假的功能，是冰雪体育资源价值中最有影响力的价值表现。

（二）生态价值

冰雪体育资源的生态价值是在冰雪体育资源开发和保护过程中所呈现的人与自然和谐发展的状态，包括景观设计的环保性、生态资源的完好性、生态环境的和谐性和环境保护的力度等。冰雪体育资源的生态价值是由冰雪体育资源的稀缺性决定的。冰雪体育资源的生态价值具有维持景区生态环境健康发展的功能，是冰雪体育产业可持续发展的基础。

（三）文化价值

冰雪体育资源的文化价值是以冰雪体育为载体来满足游客的精神文化需求时表现出来的价值，包括景区设计的文化性、冰雪文化的独特性、冰雪主题的鲜明性、文化呈现的适合性和项目设计的互动性等。冰雪体育资源的文化价值是冰雪体育旅游资源独特魅力的内在体现，是冰雪体育产业开发的核心。

二、黑龙江省冰雪体育资源价值的评价

（一）经济价值评价

黑龙江省冰雪体育资源经济价值在适游周期和服务质量两个方面体现得比较低。黑龙江省冰雪体育产业如果能够在初雪和融雪时节开发更多的冰雪体育项目和娱乐项目，并进行大力宣传推广，将会大大延长黑龙江省冰雪体育产业的适游周期，促进黑龙江省冰雪体育产业的发展。黑龙江省冰雪体育产业的服务质量一直是各地游客，特别是南方游客所诟病的因素。由于黑龙江省冬季时间较长，室外设施维护成本高，导致部分冰雪体育景区的设施退化比较严重，造成游客使用起来十分不便或有安全隐患。此外，住宿环境、水电设施、服务人员的素质等也存在没有较好地满足游客心理需求的现象，导致游客二次旅游概率下降。服务质量越来越成为旅游行业的决定性因素，只有高品质的服务质量才能吸引更多由口碑带动和重复游历的游客。因此，黑龙江省应该重点关注冰雪体育产业的服务质量问题，以吸引和挽留更多的游客，带来更强劲的经济增长。

黑龙江省冰雪体育产业的优势在于景观奇特程度高，知名度和影响力大。冰雪景观和冰雪体育相互依托，冰雪景观的奇特程度高能够吸引更多的游客。知名度与影响力决定了影响范围和吸引广度。知名度越高，影响力越大，吸引到的游客就越多样化，就越能够拉动冰雪体育经济的快速增长。但是景观奇特程度、知名度和影响力作用的发挥还需要其他条件的支撑。只有将适游周期延长，服务质量提高，才能保持黑龙江省冰雪景观奇特的优势和冰雪体育产业较高的知名度和影响力。

（二）生态价值评价

黑龙江省有些冰雪体育景区为扩大景区规模，大肆破坏景区内的生态环境，忽视了景区生态环境的重要性，给景区的生态环境造成了不良影响。例如，有些滑雪场地选址在山地之上，在建设的过程中将山地上原有的植物全部清除，而在建设完成后却没有进行修复，或即使进行修复，但重新种植的植物数量和质量都不能满足生态环境的基本要求。有些滑雪场地在建设的过程中对地下资源进行掠夺性的开采，给地区生态环境造成了不可逆转的破坏。此外，有些滑雪场在建设的过程中为营造氛围，修筑了一些景观建筑，在建设过程中产生的不可回收的建筑垃圾也对生态环境造成了严重破坏。保证生态资源的完好性，减少对生态环境的破坏是维持景区生态环境健康发展的关键，是保证地区冰雪体育经济持续发展的根本途径。如果不能在保护生态完好性方面做好工作，黑龙江省冰雪体育产业发展的生态环境就有可能会随着进一步开发而迅速恶化，造成不可挽回的影响。

（三）文化价值评价

黑龙江省冰雪体育产业的快速发展对地区经济的发展产生了积极的带动作用，冰雪体育产业越来越受到重视。然而在发展冰雪体育产业的过程中，大家更多的是关注冰雪体育产业的经济属性，忽视了冰雪体育产业所蕴含的文化内涵，造成在开发冰雪体育产业的过程中，重经济挖掘，轻文化建设，导致冰雪体育产品的商业性质过强，文化底蕴不足。黑龙江省冰雪体育的魅力之处不仅在于丰富的天然冰雪体育资源，还在于其具有浓郁地方特色的冰雪体育文化，包括地方民俗、特色饮食、民族服饰和节庆活动等。然而当前黑龙江省冰雪体育产业的开发更多注重的是国际化，展现地方文化的产品有限，致使黑龙江省冰雪体育产业缺乏明晰的文化形象，文化特质不突出，市场吸引力不强。因此，黑龙江省冰雪体育产业需进一步挖掘其独特的文化内涵。

三、提升黑龙江省冰雪体育资源价值的策略

（一）加强品牌营销

结合黑龙江省的地域特征，打造具有鲜明特质的冰雪体育产业，依据黑龙江省冰雪体育产业的优势，设计具有带入性的冰雪体育产品。提高宣传推广投入，强化品牌保护意识，制订具有特色主题、内容丰富、可进行实际操作的冰雪体育产业宣传推广策划方案，以国内外传媒为渠道，以各类旅游产品推介会为依托，并通过手机 App、QQ、微信以及视频网站等媒体和渠道进行多样化、多形式、多角度与多层面的传播，形成基于互联网的品牌营销模式，提升黑龙江省冰雪体育品牌，扩大黑龙江省冰雪体育品牌效应的影响。

（二）提升服务质量

加大基础设施投资力度，引进一批先进的、具有地方特色的冰雪体育设施设备，提升游客的旅游体验。以黑龙江省内高等院校的教学资源为依托，设置冰雪体育相关的专业课程，为冰雪体育产业的发展提供经营管理人才，通过人才队伍的不断壮大，完善冰雪体育相关的管理机制。加大培训力度，不断提升冰雪体育产业从业人员的整体素质，提高冰雪体育从业人员的服务质量。

（三）注重生态保护

黑龙江省冰雪体育产业在大发展、大进步的同时，应贯彻保护环境的基本国策，注意生

态环境建设。在冰雪体育项目设计时，需要将生态因素纳入考量范围，尽可能维持景区的生态资源关系，减少对生态环境的破坏，最大限度地维持生态资源的原始状态。在冰雪体育项目运营过程中，要通过多种途径宣传生态保护的重要性，强化冰雪体育产业从业人员的生态保护意识，将绿色环保的生态理念贯穿于整个冰雪体育的产业链之中，打造生态化的冰雪体育产业模式。

（四）打造特色文化

冰雪文化是冰雪体育之魂，也是竞争对手无法复制的资源。以黑龙江省所具有的地域文化特色为基础，开发具有地方特色的冰雪体育主题文化，并将其概念化进行推广。宣传有地方特色的传统冰雪项目，如雪地足球、冰爬犁、冰尜（冰陀螺）等，调动游客的兴趣和参与性，创造符合游客的心理需求，为游客所普遍接受的文化表现形式。大力培养和吸引能够参与冰雪体育产业特色文化开发和实施的地域专家、民俗学者和设计人才，充分把握冰雪体育文化的内涵和外延，深入挖掘并展现具有黑龙江省特色的冰雪体育文化。

第四节　黑龙江省冰雪体育资源现状及发展对策研究

黑龙江省虽然是我国冰雪产业大省，但从现阶段的实际发展情况来看，其冰雪体育项目在发展过程中存在一些问题，如经营管理水平不高、后天发育乏力等。2022 年北京冬奥会的成功举办，冰雪项目再次成为民众讨论的热点话题，为黑龙江省冰雪体育项目的发展提供了契机。而如何促进冰雪体育项目的快速成长与发展是黑龙江省今后的重要工作内容，应该紧紧抓住 2022 年北京冬奥会成功举办的契机，大力发展冰雪经济，推动冰雪经济发展的同时带动服务业发展，从而实现对经济发展的推动。

一、黑龙江省冰雪体育资源现状

（一）自然资源

黑龙江省地处我国东北部地区，是我国最早将滑雪运动列为旅游项目的省份之一，该省冬季寒冷而漫长，降雪量大，独特的自然条件为该省的冰雪体育旅游创造了良好的物质条件。同时由于地理位置优势，黑龙江省成为我国冰雪文化和冰雕艺术的重要发祥地，故该省的冰雪文化和冰雕艺术在我国产生了广泛的影响力。进入冬季，松花江上会结冰，冰雕艺术爱好者会采集冰块建起一座座冰雕艺术品，这些冰雕艺术品深深吸引着人们的目光。黑龙江省也是拥有滑雪旅游资产较为丰富的省份之一，通过对黑龙江省自然资源的调研可知，黑龙江省的森林覆盖面积超过 40％，稳居我国林地面积拥有率榜首。此外，黑龙江省超过 60％的地域为山地，拥有建造滑雪场的绝佳地理区位优势。从自然环境来说，黑龙江省的冬季有大量的降雪，且由于大部分地处野外地区，人迹罕至，因此，雪场得到了很好的保护和留存，生态景观是其他地区无法比拟的。黑龙江省适合建造冰雪体育场地的条件较好，其中适合造雪场的山峰数量超过了 100 座，并且其海拔在 1000 米左右，为冰雪体育项目的发展带来了较为突出的自然优势。

（二）人文资源现状

黑龙江省民族众多，历经长期的发展，各个民族都形成了独具特色的冬季体育项目，这为开展冰雪体育旅游活动提供了良好的人文基础。哈尔滨市每年举办的国际冰雪节就是黑龙江省冰雪旅游的典型代表，通过冰雪旅游节庆活动的举办，为当地带来了极大的经济价值与社会价值。

（三）雪场资源

20 世纪 30 年代我国国内的第一个滑雪场出现在黑龙江省哈尔滨市的玉泉北山上，该滑雪场在建成后成为当地民众户外活动的主要场地之一。在 20 世纪 60 年代，黑龙江省的雪场资源开始被不断地开发和利用，尚志乌吉密滑雪场和延寿长山滑雪场的建造更是成为黑龙江省发展冰雪体育事业的重要开端。目前，黑龙江省所拥有的雪场数量超过 122 个，其中包括了九家 S 级滑雪场。随着冬奥会的成功举办，中国滑雪事业对于人才的需要也与日俱增，黑龙江省所拥有的得天独厚的雪场资源使其成为众多滑雪爱好者的集聚地。从雪场配置方面来说，黑龙江省所拥有的亚布力滑雪场早已闻名国内，甚至在海外都拥有一定的知名度。目前，黑龙江省的大多数滑雪场已经配备了较为完善的现代化设备，为冰雪体育爱好者提供了良好的雪场资源条件。

（四）景观资源

黑龙江省拥有世界上最大的冰雪主题乐园——哈尔滨冰雪大世界，圣·索菲亚教堂和中央大街步行街也是黑龙江所拥有的独特的景观资源之一。2000 年，哈尔滨冰雪大世界建成，其中所建造的冰雕受到了来自世界各地民众的称赞，成为中国冰雪产业特色项目之一。此外，雪雕艺术已成为黑龙江省重要的景观资源之一，"太阳岛雪博会"也成为黑龙江省重要的冰雪产业项目。大量的景观资源加上冰雪体育项目的推动，使得黑龙江省冰雪经济发展获取到了充足的动力。由于景观资源充满了黑龙江独有的特色，使得每年各地游客纷至沓来，其中不乏一些冰雪体育项目的爱好者，由此为促进冰雪体育事业的发展提供了一定的条件。

（五）赛事资源

全国冬季运动会是我国规模较大的全国性体育赛事，冬季运动会的项目所包含的冰雪体育项目种类繁多。由于受到场地和气候条件的限制，冬季运动会的举办地大多数选择在东北地区，而黑龙江省由此获得了大量的举办冬季运动会的机会。自 2015 年开始，哈尔滨就承接了多个冬季运动会，其中不乏一些国家级和国际级的冰雪项目比赛。丰富的赛事资源为推动黑龙江省冰雪体育项目的发展奠定了坚实的基础。到目前为止，黑龙江省共举办了超过 50 场冰雪体育赛事。在冰雪项目运动健儿方面，北京冬奥会中国代表团中黑龙江籍的运动员就有 63 名，占比 43％；教练 15 名，占比更是达到了 56％。2022 年北京冬奥会获得的 9 枚金牌中，4 枚 "来自" 黑龙江。在历届冬奥会获得的 22 枚金牌中，13 枚与黑龙江运动员有关，占比超过一半。

（六）基础设施资源

黑龙江省交通四通八达，水陆空三维运输便利。从地理位置来看，黑龙江省与俄罗斯接壤，由此促进了黑龙江省的对外贸易产业发展，同时对旅游产业的发展也起到了一定的促进作用。冰雪项目不仅仅带动的是当地服务业的发展，同时也对媒体经济产生一定的影响。便利的交通不仅为外地的冰雪体育爱好者来黑龙江进行运动提供了有利的条件，同时也为黑龙江省精英级冰雪体育项目运动员参加各类赛事提供了更多的机会。在冬奥会的契机下，各运动员的来访训练成为宣传黑龙江冰雪体育项目的重要途径。在经过多年的培训后，黑龙江省拥有多个冰雪项目精英队伍，在全国冰雪体育和艺术设计等项目上取得了良好成绩。在冬奥会推动下，黑龙江省为了响应国家号召，逐渐开展了数个城市基础设施升级和完善工程，为冰雪体育的发展奠定坚实的基础。

目前，黑龙江省的冰雪体育运动具有良好的发展势头，发展至今已建立了一个相对健全和完善的冰雪体育旅游服务体系。经过多年的建设与发展，黑龙江省建立了众多优秀的滑雪场（表 1-1），深深吸引着众多国内外的滑雪运动爱好者。

表 1-1　黑龙江滑雪场等级现状

质量等级	雪场名称	所在城市
SSSSS	黑龙江亚布力滑雪场	牡丹江市
SSSSS	帽儿山滑雪场	哈尔滨市
SSS	龙珠二龙山滑雪场	哈尔滨市
SSSSS	吉华长寿山滑雪场	哈尔滨市
SSS	平山神鹿滑雪场	哈尔滨市
SSS	乌吉密滑雪场	尚志市
SSS	凡奇上京国际滑雪场	尚志市
SSS	卧佛山滑雪场	佳木斯市
SSS	龙珠远东国际滑雪场	黑河市
SSS	铁力日月峡滑雪场	伊春市

二、黑龙江省冰雪体育发展存在的问题

（一）雪场行业竞争激烈

北京冬奥会的成功举办虽然为中国冰雪体育事业的发展带来了无限的契机，并且黑龙江省作为我国冰雪大省也获得了一定资源，但是契机背后的挑战也随之而来。据不完全统计，到 2021 年底，我国东北地区的滑雪场数量已经超过 240 座，其中黑龙江省虽然此前已经有了多次举办大型冬季运动会的经验，同时也建造了超过 100 座滑雪场，但是其相邻省份吉林省的滑雪场建造工作同样迅速。在雪场经营方面，东北三省的硬件和软件设施逐步完善，运营理念不断升级，导致黑龙江省雪场产业发展压力也在逐渐增大。

（二）专业人员培养工作滞后

在北京冬奥会之前，我国冰雪体育项目并没有受到全国人民的普遍关注，专业人员的培训工作也处于长期停滞的状态。随着冬奥会的顺利举行，我国民众对于冰雪项目的热情空前高涨，随之而来的是对滑雪专业教练的大量需求。但是由于此前所做的准备工作不足，导致

黑龙江省冰雪体育事业的发展受到了明显的阻碍。从当前的实际情况来看，黑龙江省冰雪体育项目专业人员培训工作滞后主要集中体现在人才体系的建设尚不完备和人才质量有待提高两个方面。

（三）冰雪产业链有待完善

在国际奥委会全票通过北京 2022 年冬奥会的申请之后，我国民众讨论关于冰雪体育项目的话题频率越来越高，冰雪产业也得到了极大的推动。同时，在政府的扶持下，民众在冰雪产业上的消费能力不断提升。但是从黑龙江省冰雪产业实际发展情况来看，存在明显的地区发展不平衡问题，产业链组成单一，各大滑雪场的运营质量和造雪能力参差不齐，导致部分游客所得到的冰雪项目体验感不甚理想。与其他省份相比，黑龙江省冰雪产业链的不完善主要体现在运行设计不够科学合理、场地开发不够完备和消费划分不够明晰等方面。

（四）市场导向不明确

滑雪项目的窗口期较短，由此限制了冰雪产业的发展，但是随着科技的进步和市场需求的不断增加，黑龙江省冰雪产业旅游业主体地位不断凸显。近年来，黑龙江省冰雪产业虽然得到了一定的发展，但是在发展过程中存在着明显的盲目性，对冰雪体育项目市场的消费需求重视度不足。与吉林省冰雪产业相比，黑龙江省冰雪项目的发展与规划存在明显的缺陷，其主要体现在过于关注经济效益，忽略市场需求，市场导向存在明显的偏差等问题。为了进一步加快黑龙江省冰雪产业的发展，黑龙江省相关管理人员应该结合本地实际情况，对当地冰雪产业的发展进行更加合理的规划，明确发展方向，确保黑龙江冰雪体育产业实现更加长久的稳定发展和进步。

三、黑龙江省冰雪体育资源发展对策

（一）因地制宜，合理布局冰雪体育项目

黑龙江省拥有得天独厚的冰雪资源，这是其他省份无可比拟的。因此，为了确保黑龙江省冰雪体育项目的发展，并在激烈的市场竞争条件下获取一席之地，最重要的就是根据黑龙江省所具有的独特优势，把握市场定位，促进冰雪体育产业的多维度发展。虽然黑龙江省现阶段冰雪体育项目发展较之国内除东北地区以外的其他省份有自然优势，但是鉴于在东北三省冰雪体育事业发展上不占优势的现实问题，黑龙江省应该将冰雪体育事业的发展集中在寻找自身特色方面。在发展冰雪体育项目的过程中需要对周边省份的发展方向进行有效调研，并结合冰雪体育项目未来发展方向制订更加符合自身特色的发展计划，最大限度地避免地区之间的竞争，同时确保本地区冰雪体育项目逐渐形成规模。例如，充分利用自身所拥有的各种景观资源和旅游资源，并将其与冰雪体育产业相结合，为冰雪体育事业的发展带来全新的契机和动力。

（二）引进体育人才，强化冰雪体育专业人员培训

首先，大力引进体育人才，增强黑龙江冰雪体育竞争力，以振兴黑龙江省经济为目标，以提高综合竞争力为主线，充分发挥体育运动对人才引进的推动作用，努力实现奥运背景下全省人才梯队的跨越式建设。开发利用国际国内两种人力资源，大力实施重点产业引才引智工程，大力引

进领军型人才和急需人才，"借智借脑"，形成人才工作制度衔接、政策互惠、资政互认、信息互通、利益互享的人才开发格局；加快培养百名留学人员、百名学术学科领军人才、百名工程技术高端人才、百名金融高端人才、百名宣传文体领军人才、百名首席技师等专项人才培养工作的落实。

其次，黑龙江省应该充分利用国家的扶持政策，建立滑雪运动专业人才的培养与引进机制，弥补黑龙江省冰雪专业人才缺口问题。尽可能准确地发现与引进具备一定的冰雪体育项目潜力的人员，并对其实施正确的训练方案和措施，提升训练质量，避免操之过急。在培训体系搭建过程中，需要对当地冰雪体育专业人员的基本情况进行全面调研，并对其做出有效总结，有针对性地制订培训方案和计划。

除此之外，为了有效改善黑龙江省教练员的教学质量与教学效率，还需要对教练员的教学能力进行培训。从教练员筛选标准入手，对教练员资格认证和培养体系进行严格的管理和审核，确保市场对于教练员滑雪资格证的认可度，有效提高滑雪教练员的专业性。例如，通过实施冰雪项目教练员官方资格考试，强化资格认可的权威性。

(三) 推进冰雪体育事业可持续发展

打造企业品牌，建设品牌口碑是企业发展的重中之重。对于黑龙江冰雪体育项目的发展来说，打造良好的口碑同样不可忽视，这也是形成具有黑龙江特色的冰雪体育项目的重要举措。目前，黑龙江省的休闲旅游、餐饮和体育事业发展取得一定成效，因此，在发展冰雪体育项目时，可以充分利用周边条件，逐渐打造"一条龙"式的冰雪体育体验项目，在获取消费者好感的同时，对冰雪体育爱好者形成吸引力，由此逐渐扩大冰雪体育项目市场份额。同时，黑龙江省冰雪体育发展还需要对冰雪体育爱好者的消费能力等方面进行全面评估，各地冰雪体育项目爱好者在黑龙江训练和体验的过程中，逐渐建立与黑龙江之间的黏合度，确保更多的冰雪体育爱好者能够投入该事业的发展中。此外，政府要在优化冰雪产业发展环境、引导冰雪资源合理配置等方面做出努力，保证黑龙江省冰雪体育事业能够逐步按照既定计划和方向发展。

(四) 以现有知名冰雪体育品牌为引领，打造创新的冰雪体育品牌

以增强城市综合实力和竞争能力为目标，以我国举办冬奥会为契机，大力实施城市品牌提升工程和企业产品品牌提升工程。以国际知名冰雪旅游目的地的形象为标准，用国际水准开展品牌建设，以在国际上知名的"黑龙江国际滑雪节""哈尔滨国际滑雪节"为领军品牌，建立起有黑龙江特色的冰雪体育体系，打造黑龙江创新的冰雪体育品牌。邀请国内品牌策划机构和专家，有针对性地开展企业创牌策划和咨询。此外，奥运会这一平台是企业走向世界、展示自己、推进品牌战略的绝佳舞台。黑龙江在绿色食品、旅游商品、日常消费品等领域都有一定优势。黑龙江企业应抓住奥运会期间需要大量产品、服务供应的契机，争取成为奥组委供应商，通过奥运铸就名牌，不断推进品牌的自主化、高端化和国际化。

第二章 高校冰雪体育
课程资源开发研究

第一节 黑龙江省高校冰雪体育课程价值研究

一、高校冰雪体育课程的健身价值

冰雪运动是最好的冬季体育锻炼运动项目群，它除了具有竞技性和观赏性外，还有极大的健身价值。冰雪运动对人体的影响是多方面的，其主要表现有如下几点内容。

（一）对运动系统的影响

北方冬季天气严寒、气候多变（室内冰场虽无风雪，但温度仍较低），经常参加冰雪运动的人对严寒和冷风都具有较强的适应能力和耐受力，这是由于通过低温刺激，人体不断提高体温调节能力，从而增强了抗寒能力的结果。

参加滑冰和滑雪运动能提高人体的平衡能力。众所周知，在滑冰时人要把整个身体的重量放在1～2毫米宽的刀刃上，滑雪时要站在10厘米宽的滑雪板上，除了保持一定的身体姿势滑行之外，还要做各种各样的动作。例如，花样滑冰要在冰上做向前、向后滑行，左右转弯、跳跃、旋转、平衡等动作；自由式滑雪要穿着滑雪板做各种空翻、转体等动作。尽管支撑面小，滑行速度快，但运动员稳定、精确的动作与在陆地上表演并无多大差别，可见滑冰、滑雪运动对提高人体的平衡能力有突出作用。滑冰和滑雪运动技术的发展要求运动员应具有较高的平衡稳定能力和较好的方位判断能力。滑冰和滑雪对提高两腿及两脚的肌肉力量有明显的效果。人的大肌肉群很多集中在下肢，滑冰或滑雪时，体力负担主要也在下肢，两腿除了总是蹬冰和支撑身体重量以外，还要克服由于急转、急停、旋转等动作产生的巨大惯性和离心力。因此，冰雪运动员的腿部肌肉都很发达，力量很强。不仅如此，运动员在滑冰或滑雪的时候为了保持平衡和做各种动作，身体各部位的肌肉必须协同用力。运动员在打冰球时不仅要具备很强的臂力，以便很好地使用球杆，而且要有较强的身体力量以适应激烈的身体对抗和接触。由此可见，冰雪运动可以使人的身体得到全面发展和锻炼。

（二）对心血管系统的影响

参加冰雪运动，其运动量和强度都很大，因而对参加者的心血管系统的功能要求很高。经常参加冰雪运动，可以有效地提高人体心血管系统的功能。据测定，速滑运动员的心脏搏动有力且缓慢。优秀冰雪运动员在安静状态下心脏每分钟跳动40～50次，而一般人必须跳70～75次才能满足人体的需要。剧烈运动时，速滑运动员每分钟心脏跳动可达200～220次，心脏每次搏动的输出量和每分钟的输出量居各种运动项目运动员心脏工作能力的上等水平。

(三) 对呼吸系统的影响

参加冰雪运动，可以使人呼吸到新鲜空气，从而促进新陈代谢，改善人体氧的供应，在提高人抗寒能力的同时也不断提高呼吸系统的功能。在旺盛的新陈代谢作用下冰雪运动还相应地改善了消化系统及其他组织机能。当整个机体工作能力得到提高以后，就可以大大地增强人体对呼吸道疾病的抵抗能力。

滑冰和滑雪的运动量是比较大的，特别是速度滑冰和高山滑雪，其动作有它的特点和要求。因为滑冰和滑雪项目的运动者的肠肌受独特的运动方式所限，整个运动过程属于混合式呼吸，因此对运动员和运动过程发展胸廓呼吸的要求较高。滑冰和滑雪运动员的胸肌发达，有力量，平时呼吸深而慢，证明冰雪运动对增强人的呼吸功能有很大的促进作用。

(四) 对神经系统的影响

一个人经常参加冰雪运动，可以增强神经系统的调节作用，特别是增强体温调节能力。当冷空气刺激人体时，皮肤里的感觉神经末梢接受刺激并立即传向中枢神经，在中枢神经系统的作用下，毛孔和皮下血管收缩，大量血液流向心脏，这既可以减少散热，同时可以使人心跳加快，新陈代谢加强，从而促进热量的产生，以便保证人体能适应寒冷的刺激。经过锻炼，在体温调节中枢神经的作用下，皮肤血管又重新扩张，内脏器官的血液流向皮下血管，增加皮肤温度，人体将不再感到寒冷。由此可见，在寒冷环境中锻炼，神经系统的调节功能使机体各部分的反应更加灵敏，从而提高机体对外界气温骤然变化的适应能力。

滑冰和滑雪运动不仅速度有变化，而且旋转的方向、位置等也在不断变化，这些都会使人大脑中的前庭器官受到刺激，产生兴奋。同时，位于肌肉、肌腱、关节面和韧带中的运动器官感觉神经末梢，在肌肉收缩、拉长以及关节屈伸时都会受到刺激，它和前庭器官一样，产生的兴奋分别沿着各自的神经通路传到大脑皮层或相应的中枢部位，即产生了对身体各部位的位置、速度、肌肉活动状态的感觉。

在滑冰与滑雪运动中，通常前庭器官、运动器官与其他器官（触觉、视觉、内感受分析器）同时进入活动状态，在不断反复练习中形成了综合分析活动。这样便形成了运动者特殊的"冰感""速度感"和"腾空感觉"等。在本体感觉及空中方位感觉的基础上，大脑皮层随着环境的变化，借助各种反射调节肌肉紧张程度，保证了各种高度、复杂、协调、精细的技术动作的完成。在滑冰和滑雪运动中起主导作用的是前庭器官和运动器官，所以经常参加滑冰和滑雪运动的人前庭器官稳定性高。

综上所述，冰雪运动对人体有着多方面的影响，对冰雪运动员体格发育的测量调查，除握力以外，其他各种体格发育指标均与田径运动员相当。这充分说明冰雪运动是全面促进身体发展的运动项目，能全面提高人体力量、速度、灵敏、耐久力等身体素质。除此以外，人通过与冰雪、寒冷打交道，与困难做斗争，还可以培养勇敢顽强的精神和坚韧不拔的意志品质。

二、高校冰雪体育课程的人文价值

目前，在贯彻"以人为本"的科学发展观和构建和谐社会的大环境下，冰雪体育教学要想在推动社会进步、培养具有现代素质的大学生上有所作为，必须树立现代体育价值观，正确认识冰雪体育教学的本质和多元功能，发挥冰雪体育教学应有的人文价值。冰雪体育教学能否彰显自己的人文价值，不仅取决于冰雪体育本身，而且取决于冰雪体育的教育者和受教育者对冰雪体育教学人文价值的认识程度。

（一）满足大学生对人文体育的需求

人文，从大的方面讲是指社会的精神面貌和道德修养，从小的方面讲是指人对自身精神世界的感悟、认知和个体精神境界不断提升的过程。所谓人文价值，即对社会和人的发展具有重要意义的社会价值、思想价值、精神价值和文化价值，强调的是对于人的发展方向与价值观形成的引导作用。从根本意义上讲，人是一种价值存在，人在世界上的一切活动都必须以对自己的价值意义的把握为前提。体育价值观是作为体育实践主体的人以自身需要为尺度对体育客体意义的认识。

马斯洛的人本主义教育思想认为："教育的功能，教育的目的——人的目的，人本主义的目的，与人有关的目的，在根本上就是人的自我实现，是丰满人性的形成，是个体能够达到的或个人能够达到的最高度的发展。"[1] 促进学生的最大发展，注重学生的自我充分发挥，培养健全的人格，是现代教育的真谛。

人的本质属性是社会性，人的存在必然要为现行社会的发展和完善服务。当代是大学生自我实现的时代，当代大学生积极为个人成长和社会发展不懈奋斗，有强烈地提高自己的综合素质、按照社会要求和市场经济法则充实自己的愿望，希望提升个人对社会的价值。人需要有目标，当一个人有了目标时，才能够发挥最大的潜能。现代社会的发展离不开人的主体精神，当今的时代精神就是以人为本，追求人与社会、自然的协调发展。

人文体育是具有鲜明的为人的发展和社会发展服务的人文特征的体育。21 世纪的体育要做出两个方面的重要转变：一方面，从群体的政治需要转向人类的根本需要；另一方面，从社会的强制性需要转向个体幸福生活的主动需要。现代人在体育中不断认识自我、体验自我、实现自我、发展自我，使体育的价值最终成为人本身的价值，这种转变对促进人与社会的发展有着重要意义。冰雪体育教学是服务学生、塑造学生和发展学生的一种教育手段，离开学生发展的需要，冰雪体育教学就无从反映和促进社会的发展。在体育实践的过程中，学生对体育的态度和兴趣，是进行身体活动过程中对体育的一种需要，是学生认识体育和趋向某种体育的意向，是学生参与体育活动的能动性和积极性的体现，是学生体育行为动机的内在激励因素，直接影响大学生学习体育的情绪和效果。冰雪体育教学应立足于大学生的体育需求和社会发展需要，培养大学生树立人文体育理念，满足大学生对人文体育的需求，促进大学生形成以人为本的体育价值观。

冰雪体育教学的人文价值是冰雪体育教学对人和社会发展所具有的意义和价值。马克思指出："'价值'这个普遍的概念是从人们对待满足他们需要的外界物的关系中产生的。"[2] 根据马克思主义价值观，更确切地说，冰雪体育教学的人文价值指的是冰雪体育教学这一客体与主体（人和社会）需要之间的一种特定的关系。价值是在客体属性与主体的选择发生肯定性关系中生成的，主体的需要形成了价值尺度的核心。冰雪体育教学的人文价值不仅是冰雪体育教学存在的社会前提，也是冰雪体育教学发展的根本动力。认识冰雪体育教学的人文

---

① 马斯洛. 人性能达到的境界 [M]. 林方，译. 昆明：云南人民出版社，1987：109.

② 中共中央马克思恩格斯列宁斯大林著作编译局. 马克思恩格斯全集：第 19 卷 [M]. 北京：人民出版社，2006：406.

价值，才能有效地拓展人和社会对冰雪体育教学的需求。

（二）大学生人文精神的塑造

人文精神是对人生价值和意义的映射，是对全面发展的理想人格的塑造，是对人类不断完善自己、拓展自己、提升自己的超越精神的弘扬。人文精神的核心是以人为本，塑造人的精神世界，使生命在人文价值的关怀中走向辉煌。

人是身体、心智和精神相统一的完整个体。人之所以称为人，是基于人的自我实现、自我创造和自我超越的文化本性。文化的本质就是人的自我生命存在及其活动。人包括两个方面——自然的"人"和文化的"人"，人的身体是自然与文化的统一体。人类在漫长的改造自然的历史实践中不仅改造了自然界，也改变了自身，创造了独特的人格心理。人文精神是指向人的全面发展的概念，是对作为文化主体的人的全部本质及全面追求的概括，是对人的价值评价从量到质的提升，是以真善美为评价尺度的人的现实性、全面性和超越性的统一。人文精神的现实性视野的意义就在于客观地看待生活实践中的主体与客体的满足关系，使全面发展的个人的形成不再只是幻想，而是作为一种现实的历史运动被确立下来，从历史中承传文化传统，在现实中丰富精神生活，对未来投射终极关怀，自觉地将自身纳入与世界、国家、民族、社会和集体的关系中来规范自我，而全球观念、国民自尊、民族自豪感、伦理意识和团队精神都是进入全球化历史的当代主体健全人格的表现。

人的全面发展是包括德、智、体、美等方面和谐统一的发展，培养全面发展的人才，需要有全面发展的教育，即全面发展的教育由德育、智育、体育、美育和劳动技术教育构成。体育作为人的实践活动的精神产物，作为完整人格教育的基础，能够在精神层面促进人的个性充分发展，激发人的自我实现、自我创造和自我超越的生命本性，是一个从身体、心智和精神方面全面塑造人的过程，追求的目标是实现人的全面发展，即体育以代表人的自然属性的生物有机体的功能的提高为基础，以反映人的社会属性和文化属性的心智及精神的发展为保障，以身体活动为手段对人进行整体全面的塑造。全面发展包括人的知识、情感、意志、行为等诸多方面的共同发展，而体育正可以贯穿这些方面，起到以行为统帅意志、以能力引导知识的作用。现代体育的发展进一步证实了前人的观点，心灵的发展受肉体发展的限制，身心统一、和谐才是健康的标准。体育是一种内涵深刻的文化，在个人与社会的发展中，人类只有身体健康，才能走向精神的丰富和高尚。体育文化能使人的精神得到升华，是以人为本的体育价值观确立的必要条件，能激发人的生命动力和进取心，因而要将体育运动贯穿生命的整个过程，贯穿从日常生活技能到总体的思想意识的整体人格的推移过程。

冰雪体育教学只有解决好人作为自然人和社会人的生存和发展，以人文精神培养现代人，以全面发展的视野培养全面发展的人，激发大学生塑造人文精神的热情，促进大学生人文素质的发展，实现个人需要和社会需要的有机结合，才能找到繁荣和发展的支点。

（三）引导大学生养成健康的生活方式

体育人文精神必须以人为核心，维护人的健康权利，肯定人的健康在其生命过程中的意义和价值，引导人们追求健康的生活方式。

冰雪体育是一种融健身性、竞技性、观赏性、娱乐性、表现性、教育性于一体的社会文化活动，具有强大的文化魅力。冰雪文化展示的是自然、质朴、粗犷、开拓的文化品格，它培育着冰雪区域人们奔放、豪爽、粗犷、坦荡、健康的精神面貌。冰雪文化充分体现了人类勇于开拓进取的挑战和探险精神，是人类适应自然、征服自然过程中的伟大进步，是中华民族和世界冰雪区域人民共同的文化瑰宝。

冰雪体育通过追求人与自然，人与人，人自身与和谐发展的冬季体育活动来培养人的生命活力与情操品格，促进人的全面发展，化解现代生活对人精神追求的种种束缚，让现代人享受多彩的运动乐趣、感悟生命的意蕴和人生价值、体验人际关系和谐带来的满足、建立积极向上的生活态度等精神追求提供丰富的领域和手段。

冰雪体育是人们有意识地追求在寒冷的冰雪自然条件下锻炼身心的方式，在增进人类健康和全面发展，如御寒、防病、强身、健心、益智、锻炼意志品质、战胜自然、超越自我、丰富生活色彩、培养公平竞争意识和团队合作精神、净化社会情感、培育良好社会公德、提升审美情趣和提高综合素质等方面，有着夏季运动项目无可替代的功能。功能是事物本身所具有的客观功效或作用，而价值则是这些功能对人的意义所在。

综上，冰雪体育对促进大学生的全面发展具有重要意义，具体体现在以下几个方面：

第一，益智功能。冰雪体育能促进学生智力的发展与提高。健康的身体、健全的神经系统是智力发展的物质基础。现代科学证明：一个人聪明与否，与大脑的物质结构有关。经常坚持体育锻炼，能改善大脑细胞的发育水平。体育活动能给大脑和神经系统提供各种信息刺激，从而提高大脑皮层细胞活动的强度、均衡性和灵活性，使整个大脑和神经系统的结构、功能得到改善与提高。此外，体育认识能力的培养与提高，如敏锐的观察能力、良好的注意力与记忆力、丰富的想象力乃至灵活的思维能力，特别是战术思维能力的形成与发展等，可直接促进学生智力的发展。

第二，教育功能。冰雪体育能有效地对学生进行思想品德教育。健康的身体既是智力发展的物质基础，也是思想品德发展的物质基础。因此丰富多彩的冰雪体育活动，能够有效地增强学生体质和提高学生综合素质，有利于正确的世界观、人生观、价值观的形成与发展。

第三，美育功能。冰雪体育是健与美的统一，能对学生进行审美教育，提高学生的美学素养。冰雪体育锻炼能以其丰富多彩的内容和形式，强健体魄，匀称体形，端正姿态，矫健动作；培养学生的形体美、动作美、姿态美、仪表美和心灵美，使学生树立正确的审美观，提高学生感受美、鉴赏美、表达美和创造美的能力。

第四，娱乐功能。除了以上功能外，学生还能通过冰雪体育达到娱乐的目的。冰雪体育在强身、益智、教育等功能中，包含了增加运动快感等娱乐功能。

在高等院校体育课程改革的呼声中，"健康第一"已经成为共识。与"健康第一"相比，"终身体育"显然属于更高层次的高校体育教学理念，是"健康第一"的保障条件，"终身体育"使受教育者离开学校之后，能够在体质上适应现代社会竞争的需求，并通过终身体育达到终身健康的目的，实现冰雪体育与生活方式的对接，并成为生活的一部分，促使学生不仅在学校阶段而且在步入社会后都能自觉进行体育锻炼。所以，应当引导大学生身体力行实践冰雪体育，并使冰雪体育朝着"快乐化、生活化、终身化"的方向发展，成为大学生健康生活方式的选择之一。

第二节　黑龙江省高校冰雪体育课程现状研究

当今，冰雪运动已成为我国高校体育课程的一大亮点。随着北方以冰雪为特色的旅游逐渐升温，高校也紧跟时代的步伐，在高校体育课教学中先后开设了滑冰、滑雪等相关课程，其中以滑冰课最为普遍，滑雪课程因受到多种因素的影响，目前开设的高校并不多，滑雪课程主要受到场地、器材等条件的制约，上课比较困难，一周一次甚至一个月一两次，导致无法在高校体育课教学中普及。现如今，冰雪运动已经受到了为数众多的群众青睐，北方地区出现了许多滑冰、滑雪俱乐部，所以，高校应与时俱进，大力发展冰雪运动项目，为高校体育课教学改革注入活力。

目前，以冰雪为主要特色的体育课程已经在北方地区各高校逐渐开展，这是高校体育课程发展的必然趋势，高校冰雪体育要逐步壮大与发展，为国家培养出更多优秀的冰雪运动健儿，就要做到与时俱进，适应新要求，结合实际，采取课内外一体化的教学模式，使理论与实践更好地结合，挖掘潜能，同时要加大对高校体育教师的培训力度并要进一步完善高校对冰雪运动设施的建设。

一、黑龙江省高校冰雪体育课程的现状分析

通过实地考察和专家咨询对黑龙江省各个高校的冰雪体育课程进行了调查，并查阅了大量的相关资料，发现黑龙江省高校冰雪体育课程开设存在着诸多问题：场地和设备没有保障、冰雪场地缺乏，课程内容设置单一、没有地区特色，冰雪体育课程师资力量薄弱、现有教师冰雪技能水平参差不齐，缺少冰雪体育课程相关的系统教材，冰雪体育课程评价体系不完善等。正是这些问题，阻碍了黑龙江省高校冰雪体育课程的建设。

（一）冰雪体育场地不足，运动设施不全

黑龙江省位于我国东北地区，是我国最为寒冷的省份，它东临太平洋，北靠西伯利亚，横跨寒温带和温带两个气候带，四季分明，冬季寒冷且持续时间长，非常适合冰雪体育等冬季户外运动的开展。在黑龙江等东北地区，冰雪体育等冬季户外运动项目一直深受广大体育爱好者的喜爱，因此，冰雪冬季运动项目在体育课程中的重要性也是显而易见的，但是经过调查发现，近年来黑龙江省高校冰雪体育课程的开展情况并不理想，又受到全球气候变暖的影响，使得黑龙江省可利用的自然冰雪场地逐年减少，而由于教育经费有限，很多高校难以承担高昂的冰场浇筑和运动器材购置的费用，所以出现了有些学校现有的冰雪运动的相关器材和设备落后、陈旧及高校内用于冰雪运动的场地不足等现象，这在一定程度上限制和阻碍了黑龙江省高校冰雪体育课程的开展。据了解，在黑龙江省除了商业冰场外，高校中比较好的冰雪场馆只有位于哈尔滨体育学院内的大学生滑冰馆和哈尔滨理工大学的滑冰馆，高校内的冰场数量远远满足不了大学生的实际需求。

（二）课程内容设置单一，缺乏地区特色

黑龙江省地理位置独特，冰雪资源丰富，非常适合开展冰雪运动，黑龙江省借助其独特的自然资源，发展了极具地方特色的冰雪活动，如速度滑冰、冰球、花样滑冰、冰上舞蹈、雪地球类（足球、橄榄球）、越野滑雪、自由式滑雪、冰爬犁等，是当之无愧的冰雪运动大省。但是在黑龙江省高校内，由于运动场地和运动设施的限制或者其他的一些原因，冰雪体育课程内容比较单一。根据调查显示，高校冰雪体育课程内容的设置以传统的滑冰和雪地足球为主，一些新颖、有趣的项目如冰球、花样滑冰、高山滑雪、冰壶等很少有高校开展。取而代之的是课间跑操，长此以往很多学生失去了对冰雪运动项目的兴趣，削减了对体育运动的参与积极性。

（三）师资力量薄弱，教学水平参差不齐

体育教师一般都是各类体育院校的体育师范生，由于大多数的高校在招聘体育教师时一般会选择球类等比较流行的运动专项的毕业生，很少有高校选择户外运动专业的毕业生，因此这些体育专业学生在校选择专项时，大都根据就业的需求来选择比较热门的专项。据不完全统计，在体育类高校中选择冰雪体育项目作为专项的体育生仅有 4% 左右，并且，虽然在一些体育类高校中开展了冰雪类相关课程，但是由于各个高校并未对这一专项提起足够的重视，教学质量缺乏保证，因此，培养出来的冰雪类体育教师的教学水平比较差，教学能力不足，而且大多数教师的学历为本科、硕士，很少有教师拥有博士学位。高水平、有能力的冰雪类体育教师在全国范围仍旧稀少，黑龙江省的各个高校中的专业基础扎实、教学能力出色的冰雪类体育教师则更少。现在黑龙江省各高校中的冰雪类体育教师大多存在着自身冰雪技能不扎实、教学水平较低等问题，如果缺乏专业的冰雪类体育教师，那么此类学科的教学质量就难以保障，这在一定程度上影响了黑龙江省高校冰雪体育课程的有效开展。并且，缺乏对体育教育的重视程度一直是中国教育体制中的弊端，学校对体育教学存在着一些偏见，造成了一大批优秀体育教师的流失，也在一定程度上阻碍了体育课程改革的步伐。

（四）缺乏冰雪运动类教学相关教材

教材是教师教学、学生学习的重要参考资料，是教学前辈所总结的宝贵经验，是某一学科教学的依据和学科发展的核心指导，因此，一本系统、全面的教材对一个学科的发展有着非常重要的作用。高校体育教材是高校体育教学内容的体现，是体育教师进行教学的参考，然而，在现在的高校体育教学中，尤其是冰雪运动类教学很少有专门编制的相关教材，现有的几本教材也存在着较多问题，这就使冰雪运动类教学内容缺乏规范性、系统性，阻碍了冰雪运动类课程的发展。

二、影响黑龙江省高校开展冰雪体育课程的因素

（一）经济条件因素

黑龙江省位于我国的东北地区，拥有开展冰雪运动的天然条件，该地具有比我国其他地区更长的冰雪期，这是冰雪运动的基本条件，也是黑龙江省与其他地区相比的优势所在。但冰雪运动是一项花费较高的运动项目，对场地和器材都有很高的要求，经费在很大程度上影响高校冰雪运动的开展，并且冰雪场地多位于郊区或山区，因而容易受到交通、餐饮和住宿等诸多因素的影响，这给在校学生参加冰雪运动带来很大的困难，所需经费的短缺是困扰和限制冰雪运动开展的主要因素。

（二）师资力量与教学内容的制约因素

现阶段我国冰雪运动专业的教练员和运动员还是相对较少的，分布在黑龙江省各高校中的专业教师就更少了，冰雪运动的专业教师作为人才资源难以有效地被吸收到学校体系，绝大多数教师不具备冰雪专业技能，或者专业技能强的没有进行岗前的教学培训，这直接影响了冰雪运动课程的教学效果。同时在高校中也没有专门的冰雪运动项目教材，这就影响了在校大学生的理论学习。另外，在高校中体育运动都是以户外训练为主，但是冰雪课是耗资

大、教学难度大且具有鲜明特色的体育运动课程，没有完善的教学内容是不能正常开展的，若开展冰雪课程则必须解决师资力量不足和教学内容不完善的问题，加大对冰雪项目专业人才的培养，并根据黑龙江省的实际情况具体制定教学课程的内容，以保证冰雪课程的顺利开展。

（三）教学时间与学生其他课程时间的冲突

由于冰雪运动具有上述的诸多特点以及受到诸多因素的影响，这就促使若想开展冰雪体育运动就要选取一个集中的时间尽量带动更多的学生选修冰雪体育课，但是这样势必会和学生其他的专业课产生冲突，这也是我们开展冰雪体育课程亟须解决的问题。

（四）安全问题

一方面，冰雪运动作为一项户外运动，因各个雪场环境各异，雪道状况不同，极易出现意外伤害情况，近年来不乏冰雪运动者在进行冰雪运动时因不熟悉雪道或因雪道设计不合理而发生的受伤事件，因此开展冰雪课程对学校和师生都有较大的风险性；另一方面，对于绝大部分学生而言冰雪运动还是一项相对困难的运动项目，因此学生难免在心理上会产生紧张、害怕的情绪，加上学生原本对冰雪运动的技术就不是完全的掌握，这样在陌生的场地进行练习就很容易出现意外，能否保证师生的安全是开展冰雪课程与否的重要影响因素。

（五）学生的兴趣

开展冰雪课程要从学生的兴趣爱好和实际情况出发，尽量开展学生兴趣爱好浓厚的项目，但是，目前，冰雪文化传播类型单一，相关影像纪录片没有在校园内进行有效传播。相关人员也没有进行有效宣讲，没有合适途径进行较好的体验式传播。多数学校教育都是封闭式的培养模式，功课压力导致学生选修冰雪体育课程的不多，间接造成冰雪运动人才储备的匮乏。

三、高校冰雪体育课程开展对策

（一）加大场地与设施投入

对于冰雪体育来说，需要在场地和设施上加大投入力度。冰雪体育是一种需要大场地的运动，需要高校提供场地和设备。然而，在实际教学中，高校往往做不到这样的教学支撑。这就使得冰雪体育在教学中变成一种理论学习项目。学生学完冰雪体育后不能很好地掌握相关冰雪体育技能。所以在冰雪体育教学创新时要注重解决场地和设施的问题。首先，高校要广纳资金，建设属于自己的冰雪体育场馆，保证学生的日常训练。其次，要积极完善高校体育设施，在保证学生日常课程需要的同时建立完善的课后练习场地。最后，好的场地和器材不经常维护也会变得破旧、损坏，因此，高校要安排专业人员进行场馆和器材维护，保证冰雪体育教育长期持续进行。只有做到这些才能真正将冰雪体育引入高校体育教学体系中来。

（二）科学地设置高校冰雪项目课程内容

坚持从实际出发，理论联系实际，是高校体育教学中开展冰雪项目的根本出发点。高校要明确冰雪项目的教学目标，以高校自身的冰雪项目教学场地与教学设施等各项硬件条件为前提，以学生的需求与整体特点为出发点，合理地制定冰雪项目课程，科学地设计冰雪项目课程内容与教学方法。一是要基于高校的特点和现有的硬件设施及场地，结合学生的实际情况与身体的承受能力以及项目的运动量，设置与之相对应的训练项目。二是各个高校要按照自身情况与教学内容，将冰雪项目进行分级。比如，将冰雪项目分为基本训练与综合训练，基本训练主要是开展户外教学，按项目选择对应的训练场地与设施。开展基本训练旨在提高学生的团队协作与解决问题的能力。综合项目训练则既要有室内训练，又要有户外训练，二者相结合，对学生的组织协调能力、沟通执行能力等进行训练。

冰雪项目的选择要充分考虑学生安全因素以及教育目的，并以此为前提选择危险性较小的训练项目，结合学生的实际情况与身体的承受能力以及项目的运动量来综合考量。

总而言之，冰雪项目必须合理制定与设计，不可盲目实施，唯有如此，才能实现体育教学的目的，充分保证体育教学的效果。

(三) 建立一支优秀的专业师资队伍

高校有效开展冰雪项目课程，前提是高校冰雪项目师资队伍的优化与提高。重视培养与建设专业的冰雪项目师资队伍是高校与教育部门首先要考虑的问题。

第一，高校与教育部门应组织专业的教学人员赴国外学习冰雪体育先进的教学理念、教学方式和实践经验，掌握冰雪项目系统的理论知识。

第二，组织教师进行专业知识的学习培训，促进教师构建冰雪项目的理论知识体系，提高理论水平。

第三，与社会上的冰雪项目俱乐部展开合作，学习他们的实践经验与训练方式，以教化育人为目的，优化教学方法并提高冰雪项目的教学能力。

第四，高校教师自我学习，通过互联网相关学习平台努力提高自身的理论水平与能力，与实践教学进行对照，促进教学水平的提升。

(四) 开发冰雪体育教材

根据国家教学大纲，结合地方特色，编写冰雪体育课程校本教材。一方面，根据现有的教材结合地方特色进行创新，丰富冰雪体育理论课程的内容。例如，黑龙江省有着独特的少数民族传统冰雪文化，高校可以发挥其丰富的少数民族冰雪文化的优势，增加冰雪文化理论课程，这不仅能丰富高校冰雪体育文化的精神内核，还是对冰雪文化的继承和发扬。另一方面，鼓励各学科之间交流与合作，为冰雪体育理论课程创新提供充足的理论支撑，创编出冰雪体育理论的相关教材，这既能改善冰雪体育理论课程缺少教材的局面，也能于无形中营造浓郁的科研氛围，其科研成果也将为冰雪体育理论课教材的创编提供支持，完善冰雪体育的教学体系。

(五) 强化冰雪项目的安全预防管理工作

因为冰雪项目的特点，其训练项目普遍都有一定的难度及危险性，这就要求体育教师拥有专业的技术能力，更大的担当与责任感。针对这一特点，为了更好地预防训练过程中危险的发生，也为了更好地开展冰雪项目课程，我们可以分从以下几个方面来进行预防：

第一，加强教师整体教学能力的提升，努力提升教师的理论知识水平，使其掌握冰雪项目专业技能知识，使冰雪项目专项教师变得更专业。除此之外，教师要积极丰富冰雪项目实践经验，在授课前，教师要充分调查冰雪项目场地的各种危险因素，主动排除现场的危险因素，选择最优的训练场地，结合实际场地的特点，选择合适的训练内容与训练方式，为学生讲解训练中可能遇到的安全问题及相应的防范措施，做好提前预防，为学生的安全提供强有力的保障。

第二，注重对学生冰雪项目的安全教育。每次课程开始前，教师要对学生进行安全教育并讲授基本动作要领，加强对学生安全训练的指导与示范，将安全意识植入学生的头脑。同时，教师要组织安全应急演练，让学生亲身参与到应急演练中，使学生感受到安全的重要性。

第三，为冰雪项目课程配备必需的安全保护器材与必要的急救药品，为学生讲解及示范保护器材的使用。同时，安排专人定期维护与保养冰雪项目的硬件设施，排除安全隐患。

总之，安全无小事，防微杜渐是关键。在教学的过程中，教师应当从思想抓起，从细小处抓起，不忽略任何一处可能引起危险的安全隐患，及早发现，及时处理，及早预防，将危险扼杀在萌芽状态。

（六）重视多媒体技术在高校冰雪运动教学中的应用

当前，高校体育教学中，普遍存在着重实践、轻理论的现象，授课形式也多以室外的实践教学为主，忽略了对学生进行理论知识的教学，怎样提升学生对体育理论课程学习的兴趣，是当前高校体育教学需要考虑的重要问题之一。一些冬季运动项目具有极强的实践操作性，教师在课堂上不可能一味地灌输理论知识，这样学生也难以理解与消化，多媒体技术能够通过图片、声音、视频等来丰富体育课教学内容，激发学生学习的兴趣，可以帮助学生更好地理解教学内容和把握教学方法，提高学生的学习效率，同时也可以帮助教师更好地讲授课程，将教学内容变得更为生动与活泼，为冰雪运动项目实践课程教学打下良好的基础。

多媒体教学手段的运用能够使学生更好地将理论与实践相结合，教师在理论讲授过程中加入动画或相关的影音资料，不仅能够丰富教学内容，而且能够激发学生学习的热情与兴趣。滑雪与滑冰课在给学生带来乐趣的同时也伴随着一定的危险，通过多媒体课件，让学生观看相关的案例视频，能够增强学生的自我保护意识，以及帮助学生了解受伤后如何在第一时间进行及时处理，把自身受到的伤害降到最小等，同时让学生克服恐惧心理，尽快熟悉冰雪运动的相关课程，并从中获得更多的乐趣。

冰雪运动具有广阔的市场与发展前景，随着人们生活水平的提高，运动健康的观念已经成为共识。运动健儿在各大赛场上为国争光，也极大地引发了广大群众对冰雪运动的热爱。高校开展冰雪运动课程已经成为一种趋势，尤其北方的高校更应顺应时代的发展需要，紧跟时代的步伐，发挥地域优势，大力开展高校体育课的冰雪运动课程，让学生感兴趣的同时，带动周边经济的发展，为祖国培养更多优秀的冰雪健儿。

第三节　黑龙江省高校冰雪体育课程资源开发对策研究

随着我国体育教育制度改革的不断深化，对体育课程质量的要求也逐渐提高。冰雪体育课程资源是冰雪体育课程建设过程中必不可少的重要条件，也是推进冰雪运动进校园工作顺利进行的重要因素。然而，现阶段黑龙江省冰雪体育课程资源开发仍然面临许多困境，导致冰雪体育课程资源供给不足，影响冰雪运动进校园的开展进度。冰雪体育课程资源的合理开发与利用是实施我国冰雪体育教育可持续发展战略、贯彻落实国家冰雪政策、提高校园冰雪课程质量的有效措施。通过国内外教育发展情况可以看出，根据不同地区、不同运动项目的实际情况合理开发不同类型能够有效利用的课程资源，是黑龙江省高校冰雪体育课程资源开发的重要途径。

一、黑龙江省冰雪体育课程资源开发的优势

（一）地理气候条件优越

我国地大物博、地域广袤，不同地区的自然地理环境、气候条件、经济基础、文化传统等因素各不相同，受其影响，各个地区拥有一些具有各自特色的体育活动。以我国东北地区为例，东北地区的地理环境和气候条件为冰雪运动的开展创造了得天独厚的优势条件。其中，黑龙江省冬季寒冷漫长，平均每年冬季可达 7 个月，年均降雪量大于 30 毫米，积雪厚度年均 20 厘米～30 厘米，积雪时间最长近 200 天。并且，黑龙江省境内有大兴安岭、小兴安岭、张广才岭、完达山脉，山地面积广袤。据有关部门统计，黑龙江省内海拔 500 米以上的山地近百座，其中有 20 多座具备开发冰雪运动场地的条件。目前，黑龙江全省有超过 100 多个大型的滑雪场地，各类滑雪道 150 条。另外，黑龙江省还有着良好的河冰资源，松花江、黑龙江、乌苏里江、嫩江，是流经黑龙江省的主要河流，到了冬季，这些河流就成为天然的冰场。

（二）冰雪体育运动积淀厚重

黑龙江省举办各级各类冰雪类赛事、创办各级短道速滑特色学校、举办"百万青少年上冰雪"活动，种种举措持续至今，营造了积极良好的冰雪运动氛围，既为冰雪运动优秀后备人才的培养打下了基础，也为群众体育、学校体育中冰雪运动的开展创造了契机。

黑龙江省凭借其得天独厚的自然地理和气候条件，自 1986 年成立短道速滑训练队以来，以国家短道速滑七台河体育训练基地为依托，先后向国家和黑龙江省共计输送 88 名优秀运动员，先后培养出了多位奥运冠军和世界冠军（冰雪运动类项目），素有"中国冬奥冠军之乡""中国短道速滑之乡""冬奥冠军摇篮""短道速滑胜地"等美誉，在青少年学生和广大民众中知名度极高。

在大力发展竞技体育的同时，黑龙江省围绕全民健身开展的群众性冰雪活动趋势向好。近年来，响应"百万青少年上冰雪"的号召，政府高度重视当地冰雪赛事发展。此外，从对冰雪运动赛事的报道频繁程度，可见黑龙江省对此类赛事的关注度和支持力度。

（三）学生具有参与冰雪运动的基础

黑龙江省特定的地理环境和气候条件为当地冰雪运动的开展创造了得天独厚的优势条件。该地区冬季寒冷且漫长，一旦入冬，冰雪即成为人们生活的一部分，当地甚至有一个夸张的说法，"会走路就会玩儿冰滑雪"。加之北京冬奥会的成功举办，青少年学生参与冰雪运动的情绪一度高涨。因此，广泛的群众（学生）具有参与冰雪运动的基础。

二、黑龙江省冰雪体育课程资源开发的困境

近年来在"三亿人参与冰雪运动"和"百万青少年上冰雪"政策的引领下，冰雪项目已

在黑龙江省各学校广泛开设，为冰雪体育运动的发展发挥良好的促进作用。但是伴随着冰雪体育课程的开设，冰雪体育课程资源的开发也相应出现困境，尤其是冰雪课程内容设置、教材、师资力量、场地器材、宣传手段等方面成了制约冰雪体育课程资源开发的瓶颈。因此需要重视如何解决冰雪体育课程资源开发面临的困境，满足校园冰雪课程开设条件，提供充足的课程资源，力争保证黑龙江省冰雪体育课程的顺利开展。

（一）冰雪课程项目设置单一，课程内容单调

冰雪课程以其独特的项目特点越来越成为黑龙江省冬季体育课程教学中的重要组成部分，深受广大学生喜爱。但目前黑龙江省仍存在冰雪课程项目设置比较单一、课程内容较为单调的问题。有学者对学生喜爱的冰雪项目情况进行调查，在速度滑冰、花样滑冰、滑雪、冰球、冰壶、雪地拔河、雪地足球、冰橇等项目中，冰球运动最受学生喜爱，占比52.25%；速度滑冰位居第二，占比43.87%，冰壶项目也深受喜爱，占比33.74%。

黑龙江省由于种种限制条件，速度滑冰虽成为各学校开设的课程，但是该课程存在不同学段课程内容普遍一致、较为单调的问题，导致学生产生厌倦心理，从而对冰雪课程失去兴趣，教师应对课程内容进行不断创新，保持学生参与冰雪运动的积极性。另外其他项目由于场地限制在各学校开设较少，出现了运动项目开设单一的现象，并且越野滑雪等雪上项目由于场地、安全及时间等因素在各学校开设较难，因此，出现冰课多、雪课少的不平衡现象，这同样也是导致课程项目单一的原因之一。

（二）冰雪体育场地匮乏，器材配备不齐

场地设施配备齐全是保证课程正常开展的必要条件。立足于黑龙江省冰雪课程开设现状，其中有些冰雪项目无法开展起来的主要原因是多数学校不能保证场地器材的建设和完善。另外黑龙江省冬季室外场地利用率较低，仅利用田径场进行浇冰，场地较小，上课人数较多，学生不能充分进行练习，影响了教学质量。黑龙江省虽然具备优越的地理条件，但是冬季冰雪运动仍然存在缺乏场地的问题，这是影响黑龙江省冰雪运动开展的重要原因之一，如何保证黑龙江省冰雪体育场地器材资源充裕是亟待解决的问题。

（三）冰雪体育师资力量薄弱，专业能力有待提高

教师作为冰雪课程的教学主导，在很大程度上决定着冰雪课程的开设效果，对冰雪课程能否顺利开展起着决定性作用。综观黑龙江省冰雪运动师资队伍情况，冰雪教师队伍具有年轻化的优势，但同时也存在一定的问题，包括：①学历较多为本科，具有硕士和博士学位较少；②专业技术能力欠缺，尤其滑雪专业教师较少；③助教、代课教师较多，而且有些教师为非冰雪专业。因此，如何提高黑龙江省冰雪师资队伍整体水平是需要解决的另一重要问题。

（四）学生学业压力较大，参与兴趣较低

由于黑龙江省地理位置独特，学生可以从小接触冰雪运动，并对冰雪运动充满好奇心。另外有学者研究学生参与冰雪运动的动机，结果显示学生选择冰雪运动的第一动机是兴趣爱好，第二动机是追求挑战，这说明冰雪运动对学生具有较大的吸引力。但是在我国教育的大环境下，学校主要以学生文化课成绩为主，忽视了学生对艺体课的需求，进而忽视了增强学

生体质健康的重要性；学生作为学习的主体，面临学习压力，对参与冰雪运动有心无力。因此，学校等教育部门应认识到学生是参与冰雪运动的主体，满足学生的参与需求，让学生在运动中快乐，在快乐中学习。

（五）冰雪运动宣传力度不到位

利用媒体对冰雪赛事活动进行广泛宣传能在一定程度上激发学生参与冰雪运动的兴趣。但是目前黑龙江省对群众参与体育活动以及学校开展的重要冰雪赛事鲜有报道，而且黑龙江省对冰雪文化宣传较少，这也是令青少年以及学校对冰雪运动越来越不重视的重要原因之一。应加强黑龙江省对冰雪运动的宣传力度，以使黑龙江省冰雪运动得到各方各界的支持与重视，加快黑龙江省校园冰雪体育课程的开设。

三、黑龙江省冰雪体育课程资源开发的具体对策

基于黑龙江省冰雪课程资源开发困境提出应对之策就是，要明确如何保证影响冰雪体育课程资源开发的包括课程设置、场地、资金、师资、学生、宣传等因素的稳定性，以提高黑龙江省冰雪体育课程教学质量，使冰雪体育课程在黑龙江省能够稳步发展。

（一）明确冰雪体育课程资源开发的价值定位

无论是开发何种类型的课程资源，都应该以学生为中心，坚持育人为先。各学校领导应始终坚持学生全面发展、健康第一的指导思想，避免放松学校体育工作。就此而言，在开发冰雪体育课程资源的过程中，要服务、服从于学生的全面发展、健康第一思想。但是，在冰雪体育课程资源的开发过程中，要严防"作秀"或者一味追求"特色"的不良作风，不能使冰雪体育课程资源仅仅成为一所学校的门面，更不能使课程资源开发沦为学校"套取"政府财政支持的工具。

（二）改革冰雪体育课程设置，实现冰雪体育课程内容设置多样化

黑龙江省高校的冰雪体育课程想要建设得更为优秀，就需要不断地进行深入改革，实现课程内容设置的多样化。在这一改革过程之中可以将一些比较新的运动项目加入冰雪体育课程中来。想要实现在课程内容方面的多样化，就需要能够很好地完成教学课程计划的设计，使得所要教授的冰雪体育课程内容能够让学生在学习过程中不断掌握。对于冰雪体育课程，也需要引起各高校足够的重视，将冰雪体育课程视为一项重要的课程来对待，给予多方面的宣传以增加学生对冰雪体育课程的认识与学习的时间。同时，也可以在网上建立冰雪运动学习的论坛，这样就能够方便广大的师生在课余时间进行一些在线交流，以此来不断加深学生对冰雪体育课程的认识。学生以这样的方式能够更多地了解关于冰雪运动的相关知识，了解该运动独具的价值与魅力。

（三）合理配置冰雪体育器材，扩大冰雪场地建设

解决场地设施缺乏问题是促进冰雪体育课程顺利开展的重要举措。黑龙江省教育部门应协助各学校做好场地建设工作，加大对冰雪体育教学的资金投入，支持学校扩建冰场，合理分配冰雪场地使用面积，改变学生上课拥挤现象，同时无条件建设冰场的学校也可以与邻校协商沟通进行场地共享，提高冰场利用率。另外还应保证运动装备充足，力求为学生和教师

提供直接方便的学习条件和教学条件。

（四）提高冰雪教师专业技能，打造一流师资队伍

教师是校园冰雪课程顺利开设的重要人力资源，在很大程度上决定着冰雪体育课堂的教学质量，而体育教学主要以户外教学为主，课堂的氛围和教学的质量与教师息息相关。因此，要想推动黑龙江省冰雪类体育课程的改革进程，就要努力提高冰雪类体育课程教师的教学水平，立足于黑龙江省冰雪师资队伍情况，长期对教师展开冰雪专业知识与技能的培训，制定科学的考核制度，提升教师的业务能力；放宽冰雪教师招聘政策，对于优秀的冰雪退役运动员等人才应通过培训积极引进，优化师资队伍。另外，黑龙江省师范类高校应大力培养未来冰雪教师的专业技能，为教师队伍输送优秀人才。而作为教师自身，应该积极提高自身能力，努力提升自身学历水平，为提升教学质量时刻做好准备。

（五）科学安排学生"文体"时间，激发学生的参与兴趣

学校是促进学生全面发展的重要环境。各学校应坚持保证学生每天锻炼一小时，科学安排学生文化课和体育锻炼的时间，以促进学生全面发展。另外，学生作为冰雪运动参与"主力军"，应引导学生积极学习冬季奥林匹克知识，激发学生对冰雪运动的兴趣，使学生能够主动参与冰雪运动，这也是实现冰雪运动进校园和"三亿人上冰雪"目标的重要途径之一。

（六）加大冰雪运动宣传力度，普及冰雪运动知识

加大冰雪运动的宣传力度也是冰雪体育课程资源开发不可缺少的重要一环。可以利用报纸、网络、微信公众号、自媒体等多种方式对冰雪体育文化进行传播与普及，举办大型冰雪赛事、开展群众冰雪体育活动，努力营造良好的冰雪运动氛围，强化青少年和学校以及各界对冰雪运动的重视程度。另外，在学校中还可通过开展系列讲座、观看冰雪赛事等方式对冰雪体育进行校内宣传，普及冰雪运动知识，激发学生参与兴趣。

总之，黑龙江省冰雪体育课程资源的开发与利用是影响黑龙江省冰雪体育课程是否能顺利开设的重要条件之一。相关学校及其他部门应积极贯彻落实国家冰雪政策、保证课程资源得到充分开发与利用。另外，还应充分发挥冰雪体育课程资源的优势，保障不同类型冰雪体育课程资源的开发达到一定平衡，以满足学生参与冰雪运动的不同需求，使冰雪课程在黑龙江省得到普及发展，这是黑龙江省冰雪体育课程资源开发的实现路径之一，同时也是推动冰雪运动进校园工作顺利实施的重要手段之一。

第三章 黑龙江省冰雪体育旅游资源开发研究

第一节 黑龙江省冰雪体育旅游资源概述

一、体育旅游及体育旅游资源概述

(一) 体育旅游

从字面上来看，"体育旅游"就是"体育"与"旅游"的结合。在理解体育旅游的概念之前，首先要清楚旅游的基本构成要素也是体育旅游作为一类比较特殊的旅游活动所必须具备的构成要素。"旅游"具备几个特征，即空间位置发生移动、暂时留目的地、活动内容非营利；"体育旅游"应具备旅游的几个特征，体育旅游者的活动可以是在目的地从事体育活动，也可以是在目的地观看体育赛事或体育方面的景观。

综合上述分析来看，体育旅游是体育和旅游交叉、渗透、结合且发生质变而形成的社会时尚。

(二) 体育旅游资源

旅游资源十分广泛，体育旅游资源是众多旅游资源的一部分，其必须对体育旅游爱好者有足够的吸引力，能够刺激体育旅游爱好者的体育旅游动机，并能为此付诸想法和行动。简单地说，体育旅游设施包括体育旅游对象和体育旅游设施这两个方面；体育旅游对象可以称为"体育旅游吸引物"，体育旅游设施可称为"体育旅游目的地"等。

体育旅游对象一般是经过人为开发后的事物，这里的"开发"，可以是全部开发，也可以是部分开发。体育旅游对象不仅涵盖了已开发的体育旅游资源，同时包含部分潜在的、尚未被开发的体育旅游资源。体育旅游对象是体育旅游者向往和追寻的地方，它将随着旅游者前来游玩、涉足而被开发得更加充实，甚至可能成为当地的地标性建筑。体育旅游设施是专门为旅游者提供体育旅游活动条件、满足旅游者体育活动需求的娱乐设施和服务设施。

体育旅游资源是指在自然界或人类社会中能对体育旅游者产生吸引力，诱导和激发其进行体育旅游的动机，并付诸体育旅游行为，为旅游业所利用且能产生经济、社会、生态效益的事物。

体育旅游对象是体育旅游产业和体育旅游产品中的重要组成部分，对所在地内的一切体育旅游对象，相关体育旅游产业的开发人员和经营人员要正确地评价、主动地保护、科学地开发与合理地利用。当各种各样单独的体育旅游对象被有机地整合在某一地区，经开发者不断努力创造出旅游环境后，该地区就自然会被人们定义为旅游目的地。体育旅游者出门旅游，首先考虑的是肯定是体育旅游资源。某个地区内旅游内容越丰富，旅游设施数量越多，旅游对象种类越齐全，旅游资源质量越高，这个地区对旅游者的吸引力越大，就能吸引到越多的游客。

(三) 体育旅游资源的功能

1. 客体功能

体育旅游资源是体育旅游活动的直接对象，也就是说体育旅游资源是以体育旅游活动客体的身份存在的，其范畴是自然和社会因素及其发展产物。作为体育旅游的客体的存在，体育旅游资源包含已经开发的体育旅游资源和未开发的体育旅游资源。随着社会经济的不断发展，人们生活水平提高和旅游需求不断高涨，现代旅游业的繁荣发展是大势所趋，旅游产业的发展可以直接刺激体育旅游的发展，进而体育旅游资源被不断地开拓与开发，为人类所利用和保护。

2. 吸引功能

在现代旅游活动中，作为客体的体育旅游资源与主体的体育旅游者的关系非常紧密，二者密不可分。具体表现为体育旅游资源能够吸引体育旅游者前来参与各种旅游活动，即能激发体育旅游者的体育旅游动机，使体育旅游者在体育旅游活动中达到娱乐健身、陶冶性情、丰富文化生活的目的。

吸引功能是相对于体育旅游者而存在的，对游客的吸引力够不够大是评价体育旅游资源价值高低的基本标准。总之，对任何体育旅游资源来说离开了体育旅游者这一客源对象，其本身自动失去了特征与价值，也就称不上是体育旅游资源。

3. 效益功能

积累和开发利用体育旅游资源，不仅能为当地旅游业带来直接的经济效益，为本地发展带来生机和活力，而且还能通过全面而综合的旅游消费活动拉动其他相关产业，如某体育场馆举办赛事能拉动周边快餐业、零售业的发展。当前很多国家或地区都把旅游业作为当地的经济增长点和龙头产业，体现了旅游资源开发对经济发展的效益功能。

体育旅游资源的旅游效益功能不光体现在经济上，还体现在社会效益与生态效益上。上述三种效益功能也是体育旅游资源开发的特殊性。合理开发利用地区内的体育旅游资源，可以改善和优化本地的旅游环境，提升当地的形象和知名度，促进区域内的文化交流和精神文明建设。

二、黑龙江省体育旅游资源分布

(一) 自然资源及其分布

1. 山体资源

黑龙江省西、北、东三面环山，森林面积居全国各省前列。从全省来看，黑龙江山体资源丰富，适合发展的体育旅游项目主要有登山、攀岩、徒步、滑雪、滑草等。

2. 水体资源

黑龙江省水系丰富，著名的水体有黑龙江、乌苏里江、松花江、嫩江、绥芬河等。河川纵横，湖泊星罗棋布，适合开展划船、垂钓、游湖等体育旅游项目。

3. 花木资源

黑龙江省植被覆盖率高，花木资源丰富，比较知名的花木资源基地有亚布力森林公园、雪乡国家森林公园、八里湾国家森林公园、凤凰山森林公园等各类森林公园，这些森林公园也适合开展多项体育旅游活动。

（二）人文资源及其分布

1. 空中资源

黑龙江体育旅游的空中体育旅游资源主要是指二龙山，该地所开发的体育旅游项目有高山滑道、溜索、滑翔伞和缆车等。

2. 军营资源

黑龙江体育旅游的军营体育旅游资源主要是指长寿森林公园和亚布力森林公园，该地主要开展的体育旅游项目有森林穿越、野外拓展等。

3. 乐园资源

依托乐园类体育旅游资源开发的体育旅游项目主要在太阳岛游乐场、北山公园、文化公园等游乐场中；同时，还先后建立工人体育场、人民体育馆、体育馆冰上基地等开展室内体育活动的体育设施。

4. 节庆资源

黑龙江省的节庆资源也非常丰富（表3-1），而且具有显著的纪念和象征意义，体育旅游价值高。

表3-1 黑龙江省节庆旅游资源

分类	节庆活动
冰雪节庆	中国黑龙江国际滑雪节、中国·哈尔滨国际冰雪节、哈尔滨冰灯游园会、黑龙江齐齐哈尔冰雪游览会
民俗节庆节	黑龙江国际火山旅游节、黑龙江伊春市小兴安岭五花山观赏节、黑龙江漠河夏至节、齐齐哈尔观鹤节、方正莲花节、黑龙江镜泊湖金秋节、黑龙江木兰滚冰节、中国黑龙江国际森林生态旅游节
商贸节庆	中国·哈尔滨经济贸易洽谈会、哈尔滨国际啤酒节
文化艺术节庆	中国·哈尔滨之夏音乐会、中国·阿城金源文化节
少数民族节庆	"那达慕"大会、"敖包会"、老人节、开斋节、米阔鲁节、抹黑节、西迁节、诺劳孜节

（三）体育赛事资源及其分布

黑龙江省所处地理位置非常特别，是冰雪项目类赛事的主要举办地。目前，黑龙江省被国家正式挂牌的训练基地中，运动训练队和参赛队是主要消费主体，适时地开发当地运动训练基地，能够对黑龙江省体育旅游业的发展起到积极的带动作用。

（四）民族体育资源及其分布

黑龙江省少数民族众多。各民族都有其各自的传统体育项目，且形式和内容都丰富多彩，在体育旅游发展方面有着巨大的潜力，值得进一步开发和挖掘。

三、黑龙江省冰雪体育旅游资源

黑龙江省处在我国的东北边陲，是我国冰雪体育资源与冰雪体育文化的发源地，黑龙江省冬季结冰期接近 6 个月，冰层厚度最高可达 2 米～3 米，为冰灯冰雕的制作提供了富饶的冰源，也为民众参与不同类别的冰上体育运动提供了便利条件。黑龙江省山区每年降雪量平均达到 200 毫米，最多可达 300 毫米。丰富的降雪资源，为民众参与雪上体育活动和雪雕观赏提供了天然的土壤。黑龙江省的冰雪体育资源堪称全国之最，也是我国冰雪体育文化的发祥地，冰雪体育文化是黑龙江省独特的地理环境和黑龙江人民集体智慧的结晶。基于黑龙江省冰雪体育资源丰富的客观条件优势，黑龙江省承担了多项国际国内冰雪体育大赛，也吸引了大量的民众参与黑龙江省的冰雪体育旅游。目前黑龙江省冰雪体育旅游资源丰富多样，大致可以分为冰上旅游资源和雪上旅游资源两类。

（一）冰上旅游资源

黑龙江省由于独特的地理位置，冰上旅游资源丰厚，但冰雪旅游资源开发的速度赶不上大众人群追求冰雪体育多样性的速度，导致黑龙江省冰上体育资源开发滞后和盲目。目前，黑龙江省大众参与的旅游项目多数以冰嬉为主，如抽冰尜、溜冰车、冰滑梯、冰雕等。

（二）雪上旅游资源

黑龙江省虽然气候条件便于开展雪上体育运动，但由于受到场地器材、经营管理与开发等，黑龙江省大众参与的雪上体育运动资源还是受限的，主要以雪雕、雪地摩托、马拉雪橇、雪地足球和滑雪等为主。

由此可见，黑龙江省冰雪体育资源虽然得天独厚，但其开发建设比较滞后。为扎实推进黑龙江省经济建设高质量发展，落实好"冰天雪地也是金山银山"的重要论述精神，要千方百计以高质量冰雪体育项目开发冰雪体育旅游资源。同时，也要根据不同受众人群开发不同的冰雪体育运动项目，这是大势所趋和民心所向。

第二节　黑龙江省冰雪体育旅游资源开发存在的问题与开发策略

一、黑龙江冰雪体育旅游资开发存在的问题分析

（一）观念意识错位，发展方向偏差

黑龙江省作为东北老工业基地重要组成部分，在历史上曾为新中国的建设谱写过辉煌的篇章，北大荒变北大仓的创举也激励了一代又一代的建设者，在人们的意识里，黑龙江省是当之无愧的工农业大省。进入 21 世纪后，以旅游业为代表的第三产业蓬勃发展，一些地理条件好、观念意识先进的地区抓住了发展机遇，打造出了特色鲜明的品牌，形成了良好的社会、经济效益。

（二）竞争压力增大，客源分流现象突出

以往提起冰雪，人们首先想起的是黑龙江的"冰天雪地"，人们以冰雪为目的的旅游也

会首选黑龙江，但是近年来随着一些有条件的地方对冬季旅游的重视，黑龙江省只能作为众多旅游目的地之一供旅游者选择。竞争压力增大，客源分流现象突出，不但同属东北地区的吉林、辽宁在开展冰雪体育旅游，就连云南、新疆维吾尔自治区、北京等有条件的地区也参与了进来，且开展得较有特色。例如，云南省的玉龙雪山，每年都会吸引大批游客在纳西族"圣山"观光游览。

（三）区域地理劣势，配套服务掣肘

黑龙江省的地理特点带来了丰厚的冰雪资源，也导致了交通的不便，虽然省内陆续开通了高铁、动车，增加了人们出行的可选方式，但并不能从根本上给黑龙江省冰雪旅游业带来多大的"蛋糕"。另外，冬季旅游旺季时，从南方省份飞往沈阳、长春的机票价格远低于飞往哈尔滨的价格，甚至黑龙江人回家都会考虑在沈阳或长春中转，出行的便利、地理环境的相似，让吉林省和辽宁省有很多机会截留外省客源。

（四）冰雪体育旅游资源缺乏统一的规划，低水平重复建设

黑龙江省冰雪体育旅游项目低水平重复建设情况较严重，开发存在产品同质化、结构雷同化等问题，布局也不尽合理。以玉泉为例，当地最初只有3家滑雪场，但受利益驱使，在十几平方千米的区域内，先后又建设了十几家滑雪场，这些滑雪场设备简陋、价格低廉、安全隐患多，又常以降低服务为代价大打价格战，不仅导致原有滑雪场经济效益下滑，而且严重浪费了资源，影响了当地冰雪体育旅游的整体形象。这反映出黑龙江省很多地区旅游规划没有很好地把握整个地区发展，管理上更多地关注短期利益，缺乏对冰雪体育旅游的可持续发展的认真研究。

（五）黑龙江省内生态环境脆弱

近年来，黑龙江省在治理环境方面非常努力，在政府、企业和群众等多方的不断努力下，黑龙江省的生态环境有了很大的改善，但是和其他生态环境好的省份相比，黑龙江省的生态环境显得比较脆弱。由于黑龙江省地处特殊的地理位置，而且还有着特殊的气候条件，这样的一些原因造成了黑龙江省的生态环境一旦被破坏，就很难恢复到以前的状态。除去特殊地理位置和气候条件对当地生态环境的影响，人为的破坏也是当地环境趋于恶化的重要原因。一方面，煤炭产业的发展排放一氧化碳等一系列有毒气体、粉尘，加快了当地环境的恶化；另一方面，冰雪旅游业盲目地开发也对当地的生态环境造成了一定的影响。例如，不断地建设滑雪场使得地下水开采过度过量、绿色植被被破坏，这给当地的生态环境带来了巨大的破坏。

二、黑龙江省冰雪体育旅游资源的开发策略

（一）树立冰雪体育价值观，精心培育冰雪体育教化与传承力度

目前，黑龙江省冰雪体育资源的开发只是为了开发而开发，没有把冰雪体育旅游者、冰雪体育资源和冰雪体育价值观结合起来，造成冰雪体育资源开发缺乏内涵建设，冰雪体育资源开发必然需要冰雪体育旅游者从认知、情感和行为上对冰雪体育资源进行认同，通过对冰雪体育旅游者进行冰雪体育价值观念的灌输和冰雪体育资源的全面教育，最终达成冰雪体育

旅游者对冰雪体育资源认知的共识。因此，要正确树立冰雪体育价值观，精心培育冰雪体育的教化与传承，着力开发黑龙江省冰雪体育旅游品牌。

(二) 构建多元化传播路径，推进黑龙江省冰雪体育旅游资源开发

黑龙江省冰雪体育资源分为冰上体育资源和雪上体育资源两部分，两种资源又有其不同的类型与特性，冰雪体育旅游者对黑龙江省冰雪体育资源的认知度相对较低，只是通过传统的平面媒体、电子媒体和网络媒体对黑龙江省冰雪体育资源进行单一化的了解。要想使黑龙江省冰雪体育资源百花齐放，加强与全媒体的通力合作是基础，构建多媒介多元化的传播路径对黑龙江省冰雪体育资源进行细化的宣传报道，发挥全媒体的融合作用，吸引更多的人参与冰雪体育旅游，吸纳更多的投资者对冰雪体育资源进行投资与开发，营造良好的冰雪体育旅游氛围，开发、开放与融合冰雪体育资源的大市场。

(三) 着力开发黑龙江省冰雪体育旅游品牌

黑龙江省举办的各种体育赛事都要对其冰雪体育元素进行包装，使其植根于冰雪体育文化。冰雪体育文化是冰雪体育品牌的灵魂，也是冰雪体育资源开发的内生动力。打造冰雪体育品牌是冰雪体育资源开发的长久之策。因此，要注重冰雪体育旅游品牌的打造。只有完成对冰雪体育品牌的塑造，才能使黑龙江省冰雪体育资源开发富有成效。

(四) 全力打造富有地域特色、多元格局的冰雪体育文化旅游基地

黑龙江省是一个多民族、散杂居的边疆省份，除汉族外，世世代代居住黑龙江省的少数民族众多。少数民族都有着自己的民族传统特色文化，这些传统的特色文化，是民族发展的结晶，具有时代性、民族性和特色性。走开发、开放与融合的道路，加强传统的冰雪体育资源开发，以民族传统文化为核心，建设冰雪体育文化旅游基地，开发富有地域特色的冰雪体育资源是黑龙江省冰雪体育旅游大发展的出路之一。

(五) 整体规划，加强区域联动及景区的升级改造

要对冰雪体育旅游资源的概念进行统一的、公认的界定，划分一致的分类标准和科学的分类系统，要充分发挥冰雪资源所蕴含经济、社会和文化效益的潜能，在旅游景区、旅游区域的建设、旅游资源系统等方面科学规划、合理统筹。在旅游资源开发中，运用"核心—边缘"理论对黑龙江省旅游资源所存在的客观差异进行空间辨识，加强省内各个滑雪场的沟通合作，突出国家级、地区级旅游资源的地位，以此为核心，形成旅游资源开发的若干增长极；同时贯彻邻近联动原则，突出核心—边缘结构中的资源优势互补而不是空间替代竞争，以旅游交通路线为廊道，旅游区为节点，构建旅游资源区域体系，促进区域联动发展。要加快重点冰雪旅游景区的升级改造，着力发展一批特色突出的高品位冰雪体育旅游景区，深入开发知名旅游线路，建成集生态、民俗、冰雪于一体的国际旅游目的地和旅游休闲度假中心，形成特色鲜明的黑龙江省冰雪体育旅游带，从而在根本上保证旅游经济的大发展。

(六) 树立可持续的发展观

受高寒地区自然环境自我修复能力差等因素的制约，黑龙江省的冰雪体育旅游资源丰富，而生态环境却很脆弱，要实现冰雪体育旅游的又好又快发展就必须坚持可持续发展观。

当前黑龙江省面对的一些环境问题很大程度上都是人为因素造成的，既有空气污染、水污染和垃圾污染等环境污染问题，又有过度开发自然资源的问题，在重点控制污染源的同时应加强宣传教育，提高冰雪体育旅游地居民和旅游者的环保意识和可持续发展意识，努力完善冰雪体育旅游地区旅游管理体系，加快法规建设的步伐。

第三节　黑龙江省冰雪体育旅游资源创意开发模式研究

一、黑龙江省冰雪体育旅游资源创意开发模式布局分析

（一）打造项目精品，提升全民体验感

1．实施新项目推进工程

如果要实现景点的创新，吸引更多游客在冬季以外的季节选择到黑龙江旅游，就要发展冬季以外季节的景点建设。例如，室内冰雪乐园、万达文化旅游城、波塞冬海洋王国等旅游项目。

2．实施传统大项目提升工程

将现有的冰雪项目进行升级改造，如冰雪大世界、雪博会、冰灯会等传统项目，升级改造成世界级的冰雪旅游产业。提档升级旅游滑雪场，鼓励支持旅游滑雪场完善基础设施，如增加电加热座椅高速索道、升级改造雪道、更新雪具、增加配套服务设施等，并逐步向滑雪度假转型。

3．实施精品线路培育工程

近年来，黑龙江省不断改善基础设施，提升景区服务水平，打造红色旅游精品项目，全面推动"红色旅游+"，延长红色旅游产业链。截至2021年，黑龙江省拥有200多个红色旅游景区（点），其中23个红色旅游景区纳入《全国红色旅游经典景区名录》，4条红色旅游线路入选全国"建党百年红色旅游百条精品线路"，1条线路入选全国30条红色旅游精品线路。

2022年11月，黑龙江省文化和旅游厅印发的《黑龙江省红色旅游发展规划（2022—2030）》提出，要进一步提质升级，积极推进百个重点红色旅游景区建设。同时推出了十大红色旅游精品线路，即两条区域联动线路——中俄蒙国际红色旅游线路和黑吉辽红色旅游线路；八条省内主题线路——"林海雪原·抗联之路"主题线路、"中东铁路·秘密通道"主题线路、"十四年抗战"主题线路、"红色标识·历史印记"主题线路、"中苏友谊见证之旅"主题线路、"追忆先烈·传承基因"主题线路、"从北大荒到北大仓"主题线路、"铁人英雄·大国重器"主题线路。

（二）体育活动融合，提高全民参与度

1．办好专业冰雪体育赛事

要与国家和世界的赛事运动协会联络，积极申办各项赛事，以带动当地的冰雪体育发展。针对我们国家具体情况设置适合国人参与的冰雪运动比赛。例如，在雪地上举办马拉松和赛车等。这些运动项目不仅趣味性十足，也增加了全民冰雪体育参与度。

2. 丰富业余冰雪体育赛事

为社会上的各种冰雪比赛项目提供场地，吸引更多趣味比赛前来，这样不仅能带动人们参与比赛，起到强身健体的作用，还能带动周围的商业发展。此外，通过举办赛事，吸纳更多企业和组织进行投资，并借此不断完善场地的设施建设。为了北京冬奥会，做好备战活动，完善当地的场地建设，并向全社会提供免费或者低收费的场地，鼓励大家进行冰雪项目锻炼。打造哈尔滨都市时尚冰雪体育旅游体验区，哈尔滨—亚布力—雪乡—镜泊湖滑雪度假带、哈尔滨—大庆—齐齐哈尔—五大连池冷热矿泉冰雪休闲体育旅游带、哈尔滨—伊春—逊克森林冰雪民俗体育旅游带、哈尔滨—漠河极寒冰雪极限体育旅游带。将黑龙江省打造成全国冰雪体育活动体验首选目的地、冰雪人才培养高地、冰雪装备研发制造和冰雪赛事承办基地。

3. 广泛开展群众性冰雪活动

冰天雪地，是黑龙江开展冰雪体育运动得天独厚的资源禀赋。每到冬天，冰场、雪场就成了龙江人的天然乐园。据黑龙江省体育局统计，近年来，全省每年要建群众性冰雪体育活动场所 3000 余处；截至 2021 年底，全省有室内冰场 48 块（包括速度滑冰馆、短道速滑馆、冰球馆、冰壶馆），滑雪场地 75 处（包括滑雪场、室内滑雪馆、跳台滑雪场、"U"型滑雪场、雪车雪橇场）；2015 年至今，建设滑冰馆 5 个、冰雪基地 12 个、移动冰场 244 个、人工制冷冰场 5 个、升级改造亚布力滑雪场 10 余项基础设施；省级和市县级政府兴建的适合群众利用的冰雪场馆，除保障专业队训练时间外，都有计划地对群众开放。

黑龙江省打造的"冰雪体育长廊"曾被国家体育总局评为"全国 20 大景观工程"之一；连续 6 年开展的"赏冰乐雪"系列活动，累计开展各级各类冰雪赛事活动 6000 余项次，带动和影响 9000 万人次参与冰雪运动，是我国参与人次最多的省级冰雪体育系列赛事活动。

为体现黑龙江省打造"三亿人参与冰雪运动"核心区的决心与信心，在 2022—2023 年冰雪季组织冰雪项目体验与比赛、冰雪文化项目展演、冰雪艺术画展板等 20 余项群众性冰雪文化体育活动，展现黑龙江省雄厚的冰雪体育与文化底蕴，旨在掀起了全省人民参与冰雪运动、开展冰雪季系列活动热潮，使广大百姓充分体验到了北国风光和冰天雪地的独有乐趣。

4. 加大冰雪运动进校园力度

现在大学生多以足球篮球为体育选修课程，但是黑龙江得天独厚的地理位置，能为学校带来新的体育考试形式，可以将冰雪项目加入地方课程，除了开展普通的运动会，还可以开展冰雪运动会，使冰雪运动走进校园，在学校的操场周边设置冰场，起到普及冰雪项目的作用。除此之外，还要加快建设和帮扶当地的冰雪项目学校，促使其培养更多冰雪运动人才。

教育部联合国家体育总局、发改委、财政部印发的《关于加快推进全国青少年冰雪运动进校园的指导意见》指出，重点面向东北、华北、西北地区遴选冰雪运动特色学校，预计到 2025 年遴选 5000 所冰雪运动特色学校，遴选 100 个校园冰雪运动试点县（区），设立 20 个改革试验区，鼓励高校增设冰雪项目高水平运动队。

(三) 文化活动融合，提升品牌影响力

1. 打造特色驻场演出

由黑龙江省文化和旅游厅主办，全省 58 家艺术单位全新打造了"2020—2021 年度冬季

驻场演出活动"。演出涵盖交响乐、民乐、歌舞、儿童剧、话剧、戏曲、曲艺、冰秀等多种艺术形式，全省艺术舞台每周都将呈现各类精彩演出，为龙江冬季旅游注入文化内涵。

2. 丰富地域文化产品

黑龙江省除了冰雪项目，其冰雪文化底蕴也比较深厚，是中国冰灯、冰雕艺术和雪雕艺术的发源地。近年来，黑龙江省创新冰雪文化产品供给，大力发展冰雪文化产业，打造出冰雪画、冰雪秀等一系列文创产品；积极推进节庆和会展活动，每年都有哈尔滨国际冰雪节、太阳岛雪博会、黑龙江国际滑雪节、哈尔滨冰灯游园会等，还有中俄文化大集、黑龙江省旅游产业发展大会、古驿路文化旅游联盟成立大会和龙江东部湿地旅游联盟推进会议等活动相继举办，进一步扩大了"北国好风光，尽在黑龙江"的品牌知名度，促进了黑龙江省的冰雪旅游发展，创造了可观的经济和社会价值。

黑龙江省有林海雪原，中东铁路的旧址等，黑龙江省可以利用现有的条件，将当地的民俗与历史推广出去，增加吸引力，丰富地域性文化产品品类，从而推动黑龙江冰雪文化的进一步繁荣。

3. 壮大时尚文化产业

建设黑龙江省具有特色的商业街，这些商业街能够为游客提供各种时尚需求，并且为黑龙江省带来经济发展。大家可以在白天游玩冰雪项目后，夜晚来到这些独具特色的商业街，享受浪漫的夜生活。另外，唯美的环境、各式风格的建筑，可以为游客们提供拍照环境，满足大家的摆拍需求。同时加大对哈尔滨国际油画交易中心、枫叶小镇等场所的宣传推广力度，推动旅游文化与时尚产业的融合发展。

（四）商贸活动融合模式

1. 提高旅游住宿业整体质量

严寒的环境为当地的住宿条件提出了较高的要求，由于旺季时游客量巨大，酒店常常供不应求，那么可以鼓励当地的居民腾出自己的闲置空间作为接待游客的休息场所。对于游客的需求不同，可以根据酒店等级进行分类，除了高档酒店以外，也要在景区附近或者偏远城乡附近建设档次较低的酒店或者快捷酒店，以满足不同游客的需要。根据独特的地理环境，可以建设一些冰雪主题的酒店，这类酒店更加新奇，起到吸引游客前来体验的作用。但是总体来说，要保障各种类型酒店的卫生和环境，为游客提供舒适的住宿条件。

2. 打造黑龙江特色美食

重点推出黑土地美食，各地的游客前来游玩，都想体验一下地道的东北菜。例如，游客来到黑龙江都要尝尝哈尔滨红肠，还得在街边买一份烤冷面，如果天气太冷可以和朋友吃一吃铁锅炖，如果有时间还得尝尝黑龙江的烤肉、熘肉段，因为地理位置的因素，当地还有特色辣菜和冷面。为游客提供的这些特色美食，必须加强卫生管理，为游客带来干净卫生的美食体验。在特色美食场所，还应该提供多样化的、创意性的服务。

3. 加快旅游商品开发步伐

除了发展冰雪旅游项目、酒店住宿、美食，还要鼓励企业创造特色商品供游客留作纪念。这些商品要蕴含文化底蕴或者民俗特点，如果和各个城市的纪念品相同，就丝毫没有生产的必要。作为一个旅游城市，设计特色商品，可以举办设计大赛，开发不同的旅游商品，并在各个商业街的展柜中售卖。

(五) 装备制造融合模式

利用黑龙江省现有的优势,引进更加先进的制造技术,根据需要制造冰雪设备及工具,为冰雪活动提供器具,打造出自己的品牌。鼓励各行各业为这些制造企业投资,共同发展。加强与各个赛事组织者、俱乐部的合作,促进相关产品向外推广,推动其走向国际。

(六) 品牌营销推广模式

1. 刻画整体形象

黑龙江省冰雪旅游现有的营销机制已经取得一定的效果。例如,冰雪节吸引了数量庞大的游客。但是还需要不断地完善,重点去刻画令人印象深刻的整体形象,如向国际平台推广"北国的冰雪之城",制订集休闲、娱乐、体验、运动、观赏于一体的精品旅游路线,根据游客的不同需求,制定两日游、三日游、多日游路线,将旅游产业做得更加专业。由省文化和旅游厅作整体布局,各个市、县进行积极配合与实施总体计划。冬奥会是一个很好的发展契机,把握这次机会,叫响"冬奥举办在北京,赏冰乐雪到冰城"口号。

2. 创新推广体系

为了推广范围的扩大,要分析市场的不同需求,根据需求对现有的资源进行整合。积极创新出更多营销模式,要采用线上和线下、新旧媒体相互结合的多元化营销模式,将冰雪产品国内外进行推广,全方位地推广黑龙江省旅游品牌和产品。

3. 拓展营销手段

原有的营销手段已经不能满足社会的发展,在"互联网+"背景下进行营销,要充分结合现有的新媒体设备,并与各种 App 联合进行推广,如与人们可以拍摄具有特色的短视频,进行宣传,吸引更多的人关注景区。也可以通过新媒体收集游客的建议和意见,不断完善景区的建设,为游客提供满意的服务。还可以利用庞大的云数据库,精准地分析游客需求,提供个性化、专业化的服务。除了新媒体,一些传统的媒体方式也是值得尝试的,如报纸、广播、电视等可以起到很好的营销效果,吸引影视剧组、大型综艺节目来拍摄创作,提升冰雪体育旅游地的知名度和影响力。

二、黑龙江省冰雪体育旅游资源创意开发对策

(一) 控制冰雪景观数量,打造冰雪旅游精品

黑龙江作为目前具有冰雪旅游景观数量众多、冰雪旅游景观知名度最高的代表地区,冰雪产业的发展给黑龙江省的经济及旅游行业的壮大作出了不可磨灭的贡献,这些类型众多的冰雪资源是黑龙江省冰雪体育旅游发展的重要支柱,如果忽视了对这些资源的合理利用,就无法在激烈的市场竞争中取得优势,充分利用这些资源去建立本地的品牌文化,但在冰雪景观的建设数量上一定要严格控制,缺乏创意性的项目要尽早舍弃。冰雪景观作为一种特殊的资源,它形成的条件是非常复杂的,并且由于受自然条件的影响,可利用的时间比较短,对于黑龙江省的冰雪景观来说,一般的观赏周期大约为两到三个月,等过了观赏期之后,这些项目也将不复存在,而且每一次的建设都需要投入较大的资金,还会导致资源的浪费,造成

严重的成本损失。同时在建设冰雪项目上，要注重强化城市经营理念，要选择一些值得开发、性价比比较高的冰雪项目。冰雪旅游业的发展依托于冰雪资源，因此，要想实现旅游业的发展就需要不断拓宽产业领域，将冰雪旅游业与其他发展成熟的产业有机结合在一起。

（二）注重特色发展，加快差异化开发进程

不管是滑雪场还是其他大型冰雪项目，在经营管理和开发建设上都应该注重差异化开发，突出自身的特色，树立起良好的旅游形象，这样不仅可以维持住自身的吸引力，还可以充分发挥自身的优势，让自己在激烈的竞争中立于不败之地。要大力开展冰雪体育运动，如冰球、滑雪、花样滑冰、冰壶等各项运动，并且充分发挥这些运动的城市效应，让全省人民都可以参与进来。作为城市中的冰雪旅游项目，必须要和城市文化相融合，也可以以此为特色，让游客在感受冰雪项目之余，体会到城市风情。以哈尔滨市为例，它可以打造都市时尚冰雪旅游区，将休闲、娱乐、时尚、观光、商贸结合为一体，多方位满足游客的各方面需要，要注意加快各种产品的优化组合，充分发挥出冰雪观光的优势，将地域文化、民族风情、特色饮食融入冰雪旅游产业之中，形成一个综合性的特色产业。

针对当地的冰雪旅游业发展，保证冰雪观赏项目的正常发展，不断创新和完善冰雪体验项目，设计更多休闲、有趣的体验项目，在各个景点设置体验项目，如黑龙江省的八大冰雪乐园。在景点增加更多娱乐设施，增加游客的参与度，提高游客与冰雪之间的互动性。通过游客的亲身体验，提升游客的愉悦度，增加项目收益，甚至可以吸引游客重复体验。黑龙江省的各个区、县（市）结合自身优势，推出节庆活动，进行异彩纷呈的冰雪旅游特色活动，吸引不同需求和喜好的游客前来。

（三）发挥资源优势，树立品牌强化意识

在打造精品的过程中一定要善于运用创新思维去开展各项冰雪旅游项目，要在市场化运作的基础上不断推陈出新，尤其是在主题立意方面，要巧用各项设计方式，将冰雪项目打造成一个集观赏性、娱乐性、趣味性于一身的综合类项目，要以"年年举办，年年有惊喜"为理念，将冰雪旅游景区建设成为一个经久不衰的文化品牌，充分发挥本地的资源优势。同时配合冰雪运动的开展，以建设冰雪旅游名城为目标，构建一个完善的囊括国际冰雪艺术节、冰雪体育运动、冰雪教育和冰雪研究等要素的冰雪旅游体系，并充分发挥本地的优势活动，如冰上钓鱼、雪上冰橇、冬泳等，来共同促进本地冰雪旅游产业的优化升级。现在，黑龙江省有非常多的知名旅游景区，这些旅游景点的发展为黑龙江省带来巨大的经济收益，带动了全省的经济发展。在原有的精品品牌发展的基础上，不仅要保证原有项目的建设，还要继续引进投资，对其进行创新和完善，只有创新才能不断发展，促进各个产业与冰雪旅游产业的联动，增强不同产业的互动和结合，相互促进发展。

（四）加强区域合作，打造东北冰雪旅游联合体

对于黑龙江省来说，虽然发展当地的冰雪旅游资源优势是必须的，但是这并不意味着要舍弃与其他区域之间的合作，所以管理者应该从整体角度出发，放眼未来，加强与周边其他地区的联系，共同打造东北冰雪旅游联合体，构筑一个大规模的东北冰雪旅游圈，共同获取冰雪旅游行业带来的经济效益和社会效益。

1．推动区域联动，增强地区竞争优势

与其他旅游目的地的景点共同努力，主要以加强省间合作为主，相互促进发展，努力实现全省范围内的冰雪旅游协作，互相运送客源，尽量合作起来实现共同发展。并且可以利用得天独厚的地理位置，向周边国家和地区宣传当地旅游，通过提供一些优惠和便利，吸引周边国家和地区的游客前来游玩。还可以与其他冰雪旅游为主的城市互相帮助，实现信息共享，共同进步，探索推进东北全域冰雪旅游联盟举措，形成地区优势和互补共赢。

2．加强横向联合，延伸产业发展链条

若以"冰雪之冠上的明珠"为主题，使整座城市都能布满冰雪景观，形成完整且真正的冰雪之城，政府应当对促进全城冰雪旅游产业发展的项目进行帮助。金融机构在保证自身发展的前提下，对当地的冰雪旅游项目进行援助，加速当地旅游产的开发和建设。关注旅游产业内的三种产业比重问题，把三种产业紧密结合到一起，将整个行业的发展扩大到各个产业，加速形成一定规模的旅游经济。

3．着眼国际合作，打造冰雪产业基地

依托现有品牌优势，走自主开发与招商引资并举之路，吸引世界级冰雪运动品牌在黑龙江省建立冰雪产业物流中心，形成冰雪旅游商品大市场。继续创造和创新出富有意义和特色的雪上设备、衣服、礼品等，这些有地域代表价值的产品可以运送到各个城市进行销售，最好能做到全球化销售，使相关企业越做越大，越来越强，进而带动全城的冰雪产业发展，为当地带来可观的经济效益。同时要积极联合大连市、吉林市、沈阳市等城市，发挥出属于本地区独具个性的旅游特色，共同打造大连—沈阳—长春—吉林—哈尔滨等精品滑雪旅游度假路线，以这几大城市为核心向外进行辐射，开辟一批新的精品冰雪旅游线路。

（1）哈尔滨—大庆—齐齐哈尔—五大连池冷、热矿泉冰雪旅游带

整条线路没有滑雪等运动项目，而是以休闲度假为主，主要为大家提供温泉服务，这些矿物温泉中含有多种物质，对人身体健康、休闲养生大有益处，因此，这条线路可以称为绿色健康之旅，将沿线城市打造成"冰雪＋温泉＋冷泉＋康养"旅游度假带。

（2）哈尔滨—伊春—逊克森林冰雪旅游带

这条线路的主打是林海雪原红色景区，大家都知道戏曲和影视中的林海雪原，可以针对雪原地貌特征设置惊险的森林运动，也可以让游客观看山林中的雾凇景观，最后形成一个综合性的旅游带。

（3）打造哈尔滨—漠河极寒冰雪旅游带

漠河的地理位置得天独厚，尤其是地处中国最北之极，于北极村能看到极光这种奇观，更能泼水成冰，有些游客旅游的时候会专门找最北、最冷的地方，为了满足游客的这类需求，北极村等地可作为极寒冰雪旅游路径的开发方向。

（五）以体验性为导向，增强冰雪旅游产品吸引力

人们之所以愿意参加冰雪旅游活动，就是因为它可以带给我们前所未有的感受和体验，从而极大地满足我们精神上和身体上的需求。为了满足游客多样化的体验，黑龙江省在开发冰雪旅游产品的同时，可以考虑结合现代化的一些高科技手段来对冰雪旅游基础设施和服务质量进行改进。随着网络虚拟技术的日益成熟，冰雪体育资源和冰雪旅游资源可以通过 VR 场景模拟再现，从而让游客有更加真实的感官体验，给心灵带来一种极大的震撼，增加了冰

雪旅游产品的体验性。除了基础设施的体验之外，当地富有特色的文化体验也是一种能够较大限度满足游客需求的方式，黑龙江省作为东北开展冰雪旅游活动的代表性区域，具有浓郁的风土人情，作为吸引冰雪旅游爱好者的主要聚集地，可以将独特的民俗文化与冰雪旅游活动融合在一起。

（六）加大宣传力度，更新宣传方式

要想吸引更多的游客，促进黑龙江省冰雪旅游产业的长久稳定发展，就需要有更多的人了解到当地富有特色的冰雪旅游资源，那么对于黑龙江省冰雪体育旅游项目的经营者来说，就需要强化市场宣传意识，要有主动争取游客的意愿，而不是单纯地等客人上门。那么如何更好地进行宣传呢？首先就需要做好市场分析，明确自己的市场定位，了解自己的客源市场主要集中在哪一区域、哪一行业、哪一年龄段，并根据市场调查的情况细化宣传手段，重点开发经济发达地区的客源市场，为目标客源普及相关冰雪旅游的知识及开展情况。除了国内之外，国外也是一个需要重点开发的区域，对那里的客源市场进行相应的宣传，并针对不同的人群进行有计划、科学、明确的促销宣传，广泛拓宽客源市场。明确好客源市场之后，就需要充分利用现代化的营销手段，当今时代是一个高度信息化的时代，许多新媒体手段都可以起到很好的宣传作用，如微信、微博等新兴媒体的出现都可以加大宣传力度。目前黑龙江省在宣传方面有以下几种比较成功的方式。

1. 广告投放

继续加大在中央电视台的广告投放力度，精心制作的 30 秒的广告宣传片，将哈尔滨比作了冰雪之上的明珠，并将哈尔滨的许多著名景点进行串联设计，在短短的宣传片中，展现出这些景点的特色之处。

2. 参加联合营销

黑龙江省的所有冰雪旅游产品和几大冰雪乐园被纳入重点规划的旅游线路之中，面向全国进行推广。先后组织重点旅游企业参加省旅游委组织的"冰雪之冠"、中国旅游日主题推广活动、第九届海峡两岸旅游联谊会、世界城市旅游联合会、"一带一路"城市旅游联盟等区域合作促销，这些活动都是为了能够将省内的旅游产业和众多企业结合起来，共同合作，形成产业联盟，完善产业链。由省旅游协会牵头，先后组织多次外地来黑龙江推介促销活动，为黑龙江省旅游企业开发市场提供产品对接服务。通过"走出去、请进来"，深入推进区域旅游合作，营造互利共赢发展的合力，形成"黑龙江＋国内旅游"推广总体布局。

3. 开展网络营销

冰雪节期间，黑龙江省加大了在"两微一端"的网络宣传力度，扩大宣传效果。与新华网、新浪网开展"互联网＋旅游"合作，制作第三十三届国际冰雪节系列活动内容专题并集中展示，航拍第三十三届国际冰雪节主要活动，策划"最美自拍大赛"活动，同时，通过省市旅游委微信公众号、中新社微信公众号等网络新媒体、自媒体，进行现场直播活动，宣传冰雪节。

（七）加大产业支撑力度，完善公共交通服务

1. 完善旅游交通服务

完善黑龙江省的旅游交通服务。为了方便游客的出行，完善高速公路、高速铁路和机场

的建设。针对加油站点和高速公路服务区，增加旅游服务的功能，为了满足较大流量的高速车流，增加 ETC 的使用，为人们带来更多方便和快捷。在城市中增加更多旅游景点路标的标识，帮助游客能快速寻找到通往景点的路。针对旅游高峰期，必须完善旅游景点的集散系统，保证高峰期时，其他地点通往景点的路途顺畅，疏通车站与景点之间的路途，最好可以增加直达线路，方便游客前来游玩。

2. 提升公共服务设施

加速建设景区中的游客服务中心和停车场，加强重点景区 5G、Wi-Fi 信号覆盖。对加油站点和高速服务区进行调查，尽快完善购物、餐饮、休息等服务功能，保证游客能在此进行休憩与调整。同时，完善应急救援体系。

3. 加强人才队伍建设

一是形成冰雪人力市场。根据产业的需求，发展冰雪旅游产业需要大批的采掘、设计人才，这为当地带来较高的就业率。二是形成冰雪体育教育市场。加速进行滑雪基地和比赛场馆建设，为了完成现代化建设，将引进冰上项目、雪上项目运动员作为产业发展的契机，数量庞大的专业人才将会带动当地的冰雪项目教育发展，全国各地的冰雪项目学习都可以到黑龙江省来进行，吸引更多人才前来。黑龙江省有专门培养冰雪专业人才的高等院校，为更好地发展冰雪旅游产业培养了大批人才，通过这些学校的招生，每年能为社会培养出专业性人才近万人。除此之外，还可以建立冰雪产业研究机构，或者制定相关政策，尽量吸引培养出来的专业性人才留下来继续发展。

（八）激发社会组织活力，完善社会保障机制

1. 加强组织领导

建议建立全省旅游产业发展联席会议制度，由该联席会议负责对包括冰雪旅游产业在内的全省旅游业发展，进行顶层设计、统筹协调、整体推进和督促落实。由省政府分管旅游的工作人员作为管理的主要负责人，直接召集联席会议成员参与旅游管理，在各地也要成立相应机构进行实时监督。

2. 深化体制机制改革

要想打破体制机制禁锢，并且为冰雪经济带来源源不断的发展动力，就必须将市场化运营水平持续提升。推进国有旅游景区（滑雪场）"三权"（所有权、管理权、经营权）分置，加快景区的产业进步，可以将所有权、管理权和经营权交给不同的人进行处理，使得各部门或责任人可以在自己的能力范围内尽职尽责。为了旅游产业的更好发展，邀请广发社会组织加入产业链的发展，重视推广冰雪文化的传播，让大家都能了解冬季运动项目。为了使市场主体逐渐壮大，欢迎各个行业前来投资，不要受限制于地区的差异，可以在企业间进行重新组合，让冰雪产业不再仅仅局限于某一产业，使整个行业发展壮大。

第四章 黑龙江省冰雪体育人才资源开发研究

第一节 黑龙江省冰雪体育人才资源概述

一、冰雪体育人才概念界定

(一) 人才

通常人们把"有才识学问的人""德才兼备的人""有某种特长的人""有发明创造的人"统称为人才。多数学者认为：凡具有一定学识水平和能力，并且在社会实践中作出创造性贡献的人，都可以称为人才。

(二) 体育人才

1. 体育人才的定义

体育人才是指掌握体育知识、技能且具有较高学识水平，能够在体育领域中做出成绩、作出创造性贡献的人。

从体育人才定义来看，概念是"体育人才"，而体育人才的属概念是人，种概念是"具有一定体育学识水平和技能，并能在体育领域里作出创造性贡献"。

从体育人才内涵来看，体育人才这一种概念不仅具有人这一基本属性，同时还具备"具有一定体育学识水平和技能，并能在体育领域里作出创造性贡献"这一内涵属性，种概念的内涵要比属概念的内涵多。

2. 体育人才的特征

具体地讲，体育人才主要表现出以下几个方面特征。

(1) 先进性

一般来讲，体育人才的先进性特征主要表现在两个方面：一方面，体育人才具有超前的体育思想与体育观念，其在体育意识上要比一般人更加先进；另一方面，体育人才掌握了更加广泛的知识，具有比他人更加高超的运动技能。

体育人才所掌握的体育理论知识要比一般人专业，而且也更为丰富。同时，体育人才常常能够在比赛中取得优异的成绩，领先于他人。体育人才由于具备聪明的体育头脑与高水平的体育技能，因此，可以更好地服务于社会体育事业，从而满足社会发展对于优秀人才的需要。

(2) 竞争性

从某种角度来看，体育人才固有的本质属性就是竞争，优胜劣汰，是体育竞技比赛的规律，也是促进体育事业迅速发展的重要机制。

体育人才的竞争性是由体育比赛所具有的特点决定的，这也是其他人才或非人才不能与之相比的。如果缺少这种竞争精神，那么就很难发展成为体育人才。

（3）创造性

人才的创造能力的具体体现是发现、发明、创新，这也是人才特有的本质特征之一。体育人才往往掌握前人知识，并以此为基础进行推陈出新，提出新的理论与技术，这是人才的创造性外显。几千年来，体育从萌芽状态发展到今天的竞技体育，从人类为了生存而产生的体育活动到运动技艺的不断完善、运动水平的不断提高，无不是人才发现、发明和创造的结果，而激烈的体育竞争更能够培养体育人才的高度创造性。体育人才的创造力强弱由其具备的知识水平与能力素质所决定。换言之，涉猎面越广泛、知识水平越高、头脑思维越开阔与能力越强的人，其创造能力就越能更好发挥，工作也会更高效。

（4）社会性

社会性是在社会中生活的每一个人都具有的属性与特征。作为社会上的杰出者，体育人才同样具有社会性。体育人才的社会性特征最为显著的表现是其服务于自己所属阶级的社会，为自己所属阶级的政治利益作出贡献。虽然体育并没有国界之分，但是体育人才是有国界之分的，因此，每一位体育人才都应该为自己祖国的体育事业作出贡献。

（三）冰雪体育人才

本书中谈到的冰雪体育人才是指在冰雪体育领域，具有一定相关学识水平和技能，并能在该领域里作出创造性贡献的人，都可称为冰雪体育人才。本书所谈的冰雪体育人才除了包括冰雪竞技体育人才，还包括从事冰雪体育事业方方面面的人才，如冰雪竞技人才（包括专业教练员、运动员、技术官员、赛事管理人员、项目经理人），大众冰雪运动指导人才（冰雪体育指导员），冰雪运动专业技师人才（包括制冰师、压雪车司机、索道维修技师、"U"型槽修槽技师以及冰雪场馆大型设备维修维护人才等），冰雪运动经营管理人才（冰雪体育企业管理层人员），以及冰雪运动科技人才（各类研发人才、智库人才）。

二、人才资源概述

（一）人力资源

人力资源是指一个国家或地区范围内的人口总体所具有的劳动能力的总和，它不仅强调人具有劳动的能力，同时要求具有健康的、创造性的劳动，必须能推动社会的发展、人类的进步。它强调人口数量与质量的统一。根据人的体力性劳动付出和脑力性劳动付出的比重，可将人力资源分为劳力型资源和脑力型资源，劳力型资源即一般常称的劳动力资源，脑力型资源也称人才资源。

（二）人才资源

人才资源指的是人力资源中素质层次较高的那一部分人，如以创造性高过社会平均水平表示，它是一个边界模糊的概念。人才资源是指杰出的、优秀的人力资源，着重强调人力资源的质量。从人力资源和人才资源的概念中可以发现，人才资源是人力资源的一部分。

（三）人才资源特征

1. 人才资源与人力资源的共同特征

人才资源与人力资源具有一些相同的特征，即能动性、两重性、时效性、再生性、社会性等特征。

（1）能动性

能动性是人力与人才资源区别于其他资源的最根本的区别。

（2）两重性

人力资源与人才资源既是投资的结果，同时又能创造财富，或者说，它们既是生产者，又是消费者。

人力资源与人才资源的投资主体有国家、社会组织、家庭及个人。用于对教育的投资、对卫生健康的投资和对人力资源与人才资源迁移的投资，构成人力资源的直接成本（投资）的一部分；另外，人力资源由于投入大量的时间用于接受教育以提高知识和技能，而失去了许多就业机会和收入，这构成了人力资源的间接成本（机会成本）。从生产与消费的角度来看，一方面，人力资源与人才资源投资是一种消费行为，并且这种消费行为是必须的，是先于人力资源收益的，没有这种前期的投资，就不可能有后期的收益；另一方面，人力资源与人才资源与一般资本资源一样遵从投入产出的规律，并具有高增值性。对人力资源与人才资源的投资，无论是对社会还是对个人所带来的收益要远远大于对其他资源投资所产生的收益。

（3）时效性

人力资源与人才资源存在于人的生命之中，它们是一种具有生命的资源，它们的形成、开发和利用都要受到时间的限制。从个人成长的角度来看，人才的培养也有幼稚期、成长期、成熟期和退化期，相应地，其使用则经历培训期、试用期、最佳使用期和淘汰期。这是由于随着时间的推移，社会不断进步，科学技术不断发展，从而使得人的知识和技能相对老化的结果。人力资源与人才资源的开发与管理也必须尊重人力资源与人才资源的时效特征。

（4）再生性

与物质资源相似，人力资源与人才资源在使用过程中也会出现有形磨损和无形磨损。有形磨损是指人身的疲劳和衰老，这是一个不可避免的、无法抗拒的损耗。无形磨损是指个人的知识和技能与科学技术发展相比的相对老化，可以通过一定的方式与方法减少这种损耗。物质资源在形成产品、投入使用、磨损以后，一般予以折旧、不存在继续开发的问题。人力资源与人才资源在使用过程中，有一个可持续开发、丰富再生的独特过程，使用过程也是开发过程。人力资源与人才资源能够实现自我补偿，自我更新，自我丰富，持续开发。这就要求人力资源与人才资源的开发和管理要注重终身教育，加强后期培训与开发，不断提高其德才水平。

（5）社会性

由于每个人受民族文化和社会环境影响的不同，其个人的价值观也不同，每个人在生产经营活动、人与人交往等社会性活动中，其行为可能与民族（团体）文化所倡导的行为准则发生矛盾，可能与他人的行为准则发生矛盾，这就要求人力资源与人才资源管理注重团队的建设，注重人与人、人与群体、人与社会的关系及利益的协调与整合，倡导团队精神和民族精神。

2. 人才资源的本质特征

人才资源的本质特征表现在其创造性的劳动过程中。与人力资源相比，人才资源还有以下不同的特征。

（1）内在素质的优越性

一般来讲，人才都在一个或几个方面具备一般人所不具备的优越素质。这里的素质是广义的，超出我们一般所指的德、智、体、美等范畴。它包含许多方面，如学历高、品德高尚、智力超群、谋略过人等。这些都是一般人所不具备的，因此，内在素质的优越性是人才的本质特征之一。

（2）贡献的超常性

人才具备了创造性就决定了人才能够取得比前人、比一般人更大的成就，因而人才的贡献要远大于一般人。这也是人才的本质特征之一。

（3）资源的稀缺性

人才资源具有稀缺性，这一特征在发展中国家表现得更为显著，因而发展中国家一般赋予人才资源更为重要的经济意义。

（4）不可替代性

杰出人才的艰巨复杂劳动，是一般人不可替代的。这就是历史唯物主义所指的"个人在历史上的作用"，如果这种作用集中体现在某个人才身上，那么，该人才就在那个时代（环境、条件）具有不可替代性，发挥不可替代的作用。

（四）人才资源分类

人才资源可以根据需要进行不同的分类。最基本的分类方法有以下三种：

（1）按所学专业，可以划分为自然科学技术人才资源与哲学社会科学专业人才资源两大类。各大类又可以按学科、专业门类再逐级划分，如自然科学技术人才资源中的工程技术人才、科学研究人才等，其中工程技术人才还可再分为矿业工程技术人才、生物工程技术人才等。

（2）按工作性质，可以细分出某一大类中的某一种人才，如专业技术人才、企业经营管理人才、党政管理人才、技能人才等。

（3）按社会称谓分类，如科学家、工程师。科学家、工程师通常是指具有大学毕业以上文化水准以及具有工程师或相当于工程师以上专业技术职务的人。国际上常以"科学家与工程师"作为统计口径来统计各国的专业技术人才数，因而这一指标在国际上具有可比性。

三、黑龙江省冰雪体育人才分类储备情况

根据冰雪运动及冰雪产业发展需求，冰雪体育人才可分为冰雪竞技人才、大众冰雪运动指导人才、冰雪运动专业技师人才、冰雪运动经营管理人才、冰雪运动科技人才五种类型。

（一）冰雪竞技人才

冰雪竞技人才是指在冰雪体育竞技领域内，专门从事运动训练工作和参加体育竞技比赛的人才，主要是指经过系统性训练，进行竞技比赛的运动员和对运动员进行培养、实施相关训练的计划以培养运动员成长的专门人才，以及从事体育竞技赛事的组织、管理人员、技术官员，如裁判员等。黑龙江省虽是冰雪运动传统大省，冰雪竞技人才数量居于全国之首，但

相对于庞大的人口基数而言，冰雪竞技人才数量仍然存在着较大缺口。

（二）大众冰雪运动指导人才

大众冰雪运动指导人才主要是指在群众性冰雪体育中担任冰上运动和雪上运动技术传授和相关知识传播，在群众性冰雪体育中宣传、开展和普及冰雪运动的相关人才，主要是滑冰教练和滑雪教练，也被称为滑冰社会体育指导员和滑雪社会体育指导员，目前这类人才在行业中的称谓使用较为混乱。冰雪指导员队伍人员数量上严重不足，黑龙江省自2006年开始组建滑雪社会体育指导员培训和考核机构，陆陆续续培训了300多名滑雪社会体育指导员，其中85％为初级水平，且有相当一部分指导员已经流向外省。由于近几年没再组织培训，所以黑龙江省的社会体育指导员数量反而减少。

（三）冰雪运动专业技师人才

冰雪运动专业技师人才是指进行冰馆和雪场建设、检修和维护的相关人才，这类人才主要负责冰馆雪场运营的技术保障，具体包括制冰师、压雪车司机、索道维修技师、"U"型槽修槽技师以及冰雪场馆大型设备维修维护人才等。由于我国发展冰雪项目较晚，并且无论是冰上项目还是雪上项目，对场地要求都较高，如滑雪场需要造雪、索道缆车等，冰上都需要冰场，这些基础设施是都需要大型机器和操作机器的技术人员，这类人才在我国仍然严重短缺，几乎可以说是空白，一些技术层面较为复杂，如制冰师、压雪车司机、索道维修技师、"U"型槽修槽技师以及冰雪场馆大型设备维修、维护人才只能花钱聘请国外专家。黑龙江省在此领域人才储备不足。目前，冰雪场馆专业技师人才匮乏仍是黑龙江省一个亟待解决的问题。

（四）冰雪运动经营管理人才

冰雪运动经营管理人才主要是指在冰雪项目企业中负责产品规划、市场研发、销售、人事和财务管理等相关管理职能工作的高层管理人才，具体如冰雪运动俱乐部经理及各部门主任、滑雪场业主及各部门经理、冰雪器材装备制造与销售企业经理及中层主管等。黑龙江省目前仍是冰雪场馆数量全国较多的省份，所以在冰雪运动经营管理人才方面的储备相对较多，尤其近些年来伴随着冰雪俱乐部的快速成长，冰雪组织管理人才数量也随之增多。但随着近年来黑龙江省冰雪市场在国内核心地位的下滑，部分高级管理人才纷纷转向华北和南方地区发展，给黑龙江带来不小的损失。

（五）冰雪运动科技人才

冰雪运动科技人才主要是从事冰雪运动相关科学研究、装备研发的各类研发人才、智库人才，这类人才主要在高校、研究所、实验室和相关企业的高等研发部门中。由于过去我国冰雪产业市场需求小，规模有限，冰雪器材装备制造业以及冰雪机械设备制造业发展缓慢，很难吸引具备高水平研发团队。黑龙江省作为冰雪教育大省和冰雪运动大省，有关冰雪运动的科技研发却一直较为落后，研究冰雪运动的实验室、研究基地只有哈尔滨体育学院等一两所院校，哈尔滨工业大学、哈尔滨工程大学、东北农业大学、哈尔滨医科大学等高水平大学拥有高精尖的研究团队和实验室，但却没有进入该研究领域，导致黑龙江省冰雪运动科技人才十分有限，成果也很有限，这不得不说是黑龙江教育科技优势的浪费。

第二节　黑龙江省冰雪体育人才资源开发现状及存在问题

一、黑龙江省冰雪体育人才资源开发现状分析

（一）内部机制

人才资源的开发机制主要包括人才的选拔机制，对隐性人才、人才的培养机制，对人才的评价、考核机制。以下分别对黑龙江冰雪竞技人才、大众冰雪运动指导人才、冰雪运动专业技师人才、冰雪运动经营管理人才、冰雪运动科技人才五种类型的冰雪体育人才资源开发情况进行论述。

1. 冰雪竞技人才的开发机制

黑龙江冰雪竞技人才的培养，相对其他人才的培养而言比较完善，受我国过去举国体制影响，我国的运动员主要选拔和培养途径就是三级训练网，其训练体系和培养体系比较完善。但是由于冰雪项目的长期落后，尤其是运动员就业难的问题导致多年来各级体校冰雪项目生源萎缩，冰雪项目运动员选材、后备人才培养和储备都出现青黄不接的窘境，冰雪竞技人才的基数在变小，这对运动员的培养和选拔都起到制约作用；教练员、技术官员、赛事管理人员和项目经理多数都是运动员退役后转型而来，同样受到基数的限制，无法培养出高水平高质量的人才。虽然高校高水平运动队在一定程度上对竞技人才的选拔和培养形成支撑，但由于周期短，学生毕业后即面临着选择运动队或是工作的难题，所以运动队规模较小，无法满足冬奥会对竞技人才的需求。

2. 大众冰雪运动指导人才的开发机制

滑雪指导员和滑冰指导员相比，滑雪指导员的培养机制完善程度较低，据了解各冰场的指导员多是体育院校冰雪专业滑冰专修（速滑、花样滑冰和冰球）的毕业生，他们在高校接受的培养比较系统性、体系化，能够胜任指导工作，相对于依靠滑冰社会体育指导员培养体系，就输出方面而言其培养机制相对较差，主要依靠高校输出人才。

3. 冰雪运动专业技师人才的开发机制

冰雪运动专业技师人才的培养在黑龙江省已经纳入职业教育体系，2015年10月，中国首家以冰雪体育职业教育为主要特色的高校——黑龙江冰雪体育职业技术学院在哈尔滨揭牌，开设了冰雪机械设备操作相关专业，成立了冰雪体育系，学制三年。学生一般在校一年，其余时间在各大冰雪场馆实习操作。该院校和专业的成立标志着我国开始将冰雪运动专业技师人才培养纳入职业教育体系，未来将成为此类人才的主要培养机制。但短期内仍面临着周期长、招生数量少、缺乏专业师资、专业数量有限的问题。

4. 冰雪运动经营管理人才的开发机制

通过调查发现，冰场和雪场相关的冰雪运动经营管理人才多是对冰雪运动有一定爱好、了解，从事冰雪运动的一些人员担任，普遍缺乏专业的选拔和培养渠道，大多是早年从事这项运动的运动员，退役后开始创业，基本都是具有多年的运动经历，但不具备系统的经管知识和管理经验。近年来冰场层面相对好一些，随着体育商业化发展的不断深入，一些企业家开始经营冰场和雪场，但是作为体育和商业相结合的冰雪产业，相当缺乏复合型的人才，管

理人员或是非体育出身，或是非经营管理出身。行业发展中缺少既懂冰雪运动，又懂经营管理的"冰雪＋"复合型人才。例如，缺少冰雪场馆运营、冰雪互联网开发、冰雪赛事运营、冰雪产业营销等人才。

5. 冰雪运动科技人才的开发机制

冰雪运动科技人才的培养渠道主要是在高校，其接受的培养系统性相对较高，但是由于从事冰雪事业的各类研发人才、智库人才基数相对较小，导致其人才输出少，目前我国高校培养的主要人才是本科生，本科毕业后继续进修的人员比较少，多数毕业生选择从业，并且从事本专业工作的人员更是少之又少，另外，本科生接受本专业的培养程度较低，其对冰雪事业的了解程度和知识储备都无法满足冰雪事业中的相关科研，或担任智库人才的相关工作，受到 2022 年北京冬奥会的良性刺激，近年来选择冰雪专业的研究生数量较以前明显提高，但是仍然无法满足目前的需求。从研究能力看，高校和科研院所的教师更应成为冰雪运动科技人才的主力军，他们具备稳定的工作，有较高的研究能力和丰富的研究经验，但往往由于高校科研工作者均有自己的研究领域和方向，很难实现研究力量向冰雪领域的转变。

(二) 外部环境

1. 冰雪体育人才服务环境

随着举办大型比赛，如世界大学生冬季运动会、亚洲冬季运动会、国际雪联世界杯等大型国际冰雪体育赛事，对黑龙江省的冰雪事业发展有着很大的促进，黑龙江开始将冰雪旅游打造为黑龙江省的重要经济支柱。这样的转型，对于冰雪事业的人才，特别是冰雪体育人才是一个良性刺激，政府开始加大对冰雪体育人才的培养力度，且随着冰雪旅游和参与冰雪运动的人们不断增多，对冰雪体育人才特别是群众体育的指导人才和管理人才，以及技术人才的需求量增大，冰雪体育人才的地位也有所上升，各单位对冰雪体育人才的待遇相对以前有所提高，但是因为种种原因，如冰雪体育人才当中的群众体育滑雪指导人才，其所从事的是滑雪指导的服务性工作，工作性质在一定程度上讲还是服务性，人们根深蒂固的认知使得其工作和工作地位没有受到重视，另外，冰雪体育人才始终没脱离体育，对从事体育运动的人们的重视程度相对较低，进而导致对冰雪体育人才的重视程度相对不高，其服务环境也不甚理想。

2. 冰雪体育人才资源开发政策环境

黑龙江省政府部门着力打造其省内的冰雪事业，将黑龙江省的冰雪资源进行大力度的开发，实现其省内经济的发展，冰雪事业因而得到长足的发展。作为冰雪事业的推动者——冰雪体育人才，其培养已经受到政府部门给予政策上的支持，但是，这也是仅限于本省内的政策环境，相对于其他经济发展较好地区，特别是受到 2022 北京冬奥会影响较大的地区，如河北、北京等地，因冬奥会的举办的刺激，这些地区以强有力的政策进行人才引进，受到影响较大的就是人才输出量较大的地区，黑龙江无疑是其中受影响最深的地区，可谓是政策环境对内而言是非常有利于人才资源开发的，但是就人才资源的储备而言，先天劣势（经济落后）最终导致了政策环境竞争力的削弱。

3. 冰雪体育人才资源的竞争环境

黑龙江省占据着得天独厚的气候环境和冰雪资源地域优势，并且其冰雪文化底蕴雄厚，长期以来储备了大量的冰雪体育教育资源，举办大型冰雪运动的赛事经验丰富，对于培养冰雪人才、开发冰雪体育人才资源有着无与伦比的竞争力。但是由于我国经济重心转移，作为重工业基地的黑龙江省在经济发展上落后于其他地区，经济基础决定上层建筑，没有雄厚的经济实力作为后盾，是培养人才方面致命的劣势，特别是北京携手张家口举办冬奥会之后，黑龙江省发生了大量的冰雪体育人才流失，就此方面而言，黑龙江省冰雪体育人才竞争力比较弱，这样产生的问题就是人才流失，自己开发本地区的人才资源，培养出的人才最终没有留住，这对于发展本省冰雪事业和建设本省冰雪体育人才梯队无疑都是致命打击。加之省内竞争机制不健全，不利于人才脱颖而出，许多人才觉得待遇不公纷纷打算"换个环境"，进一步加剧了人才流失。

二、黑龙江省冰雪体育人才资源开发存在的问题分析

（一）人才政策不到位，人才流失严重

黑龙江省由于特殊的地理位置，导致其一年之中有半年的寒冬期，造就了其丰厚的冰雪文化底蕴，使其在冰雪运动领域成为全国的领头羊，是引领中国冰雪事业发展方向的主要地区之一，同时也是我国冰雪体育人才的重要培养和输出地区之一。然而，由于经济水平相对落后、工资收入低等多方原因，黑龙江省冰雪体育人才流失严重，很多优秀的教练员、运动员、教师、专业技师人才、管理人才纷纷流向外省，其中典型的就是随着近年来我国冰场在全国发达城市的兴建，其优越的薪资待遇和硬件条件，致使黑龙江省高校培养出的众多冰上专业的学生和退役的冰上运动员都选择去南方较发达城市发展，另外，2022 北京冬奥会申办成功后，北京、河北为吸引人才，以其强有力的经济实力和政策条件，更是大量吸引了黑龙江省冰雪人才的深入。

（二）人才观念意识淡薄，选拔培养乏力

黑龙江省在人才培养问题上一直观念淡薄，既缺乏抢人夺人意识，又缺乏留人保人意识。冰雪项目虽然较其他省市有较好的发展条件，但是人才大环境相对较差，特别是近些年，社会认知导致众多家长不愿让孩子走上职业运动员道路，导致招生难，且我国运动员的保障体制正在完善阶段，运动员退役后的出路就是困扰其的重大问题之一，典型的现象就是就业难，最终致使黑龙江省冰雪人才在梯队建设过程中后备力量储备严重缺乏，新老接替无法顺利进行，导致队伍建设青黄不接，很多冰上和雪上项目未建立队伍抑或是刚组队，组队也未能满足条件进行层层选拔，很多队员的运动意识和运动技能都相对薄弱，因此，黑龙江省冰雪体育人才储备严重不足。

（三）冰雪体育人才的培养体系有待完善

黑龙江省以其浓厚的冰雪文化底蕴，一直都是我国冰雪体育人才的主要培养和输出地区，特别是我国在成功申请 2022 年北京冬奥会举办权之后，黑龙江省多数体育院校都开设了冰雪体育的相关专业，一直以冰雪体育为特色的哈尔滨体育学院更是培养了大量的冰雪体育人才，其中以冰雪体育教育人才和冰雪运动技能指导人才为主要培养对象，但是培养之后，能够留存在黑龙江省的冰雪体育指导人才少之又少，具体表现在以下两个方面：

一方面，退役运动员知识储备较少，并且知识面狭窄、技能比较单一且专业性较强，无法进行顺利的转型以满足市场需求，高校培养的冰雪体育人才就业不对口或者选择其他省市

地区就业；另一方面，由于冰雪运动对场地等硬件设施的要求较高，很多学校受条件限制，没有形成教育体系，中小学没有针对冰雪运动普遍开课，无法对中小学生进行大面积的冰雪运动兴趣培养和运动启蒙，高校在招生过程中，体育类院校和师范类院校在进行冰雪项目招生选拔过程中，生源较少，大学在进行培养冰雪体育人才时，培养的对象基础薄弱，甚至很多都是从零起点开始教，无形中增加了高校培养冰雪体育人才的人力、物力、时间、精力的投入，并且在培养成果和培养效率上会大打折扣，不能形成科学系统的人才培养机制，这些带来最直接的影响就是增加了高校培养人才的难度和成本。

（四）对外合作交流不足，缺乏国际平台支撑

一直以来，作为国内冰雪运动和冰雪产业的先行者，黑龙江省一直满足于自身的这一优势。但事实上我国冰雪事业整体水平较冰雪运动发达国家相差较大，对于许多问题的解决需要通过寻求外力来实现，因此，应加强对外交流合作。但黑龙江省多年来在冰雪运动对外交流合作领域不多，成就有限。虽然举办过 2009 年世界大学生冬季运动会和其他一些国际赛事，但并没有利用好机会，没有充分发挥举办赛会的效应，没有更多地赢得国际的支持和帮助，对冰雪体育人才的培养和培训而言，缺少国际平台的支撑是重大不足。

（五）冰雪运动发展的体制受限，不利于人才的晋升

由于历史的原因，我国体育发展中长期形成的举国体制对人才的束缚已成事实，高投入低产出的体制导致大量人才受制于体制，并由此引发的人才浪费、待遇不公等问题饱受诟病。随着我国体育体制改革的不断深化，这种压制人才成长的体制正在逐步优化。但由于冰雪项目长期不受关注，加之黑龙江地区观念保守，仍在固有的旧体制旧模式下运行体育工作，所以冰雪运动发展的体制机制仍未得到改变，官办色彩浓厚，社会化、产业化进程缓慢。政府、市场和社会体育组织的关系仍未理顺。冰雪企业仍然得不到应有的市场资源，冰雪协会与俱乐部组织仍然无法得到应有的权限，冰雪从业人才在待遇、地位和话语权上得不到尊重和保障，升迁困难，严重影响从业者的积极性。这种体制下形成的人才工作机制、作风和制度在一定程度上造成了人才成长受阻，形成了不利于人才晋升的环境，并最终导致了人才的大量流失。

第三节　黑龙江省冰雪体育人才资源开发对策研究

一、黑龙江省冰雪体育人才资源开发的潜在优势

（一）文化传统方面的优势

黑龙江省得益于与众不同的地理和气候特点，拥有其他省市所无法比拟的开展冰雪事业的先天条件，在这样的先天优势下，黑龙江省便早于其他省市开展了冰雪运动和关于冰雪的一系列事业，奠定了黑龙江省发展冰雪事业的基础，更是有高校先知先觉地依靠黑龙江省冰雪运动悠久的冰雪运动传统和冰雪体育文化根基，建设冰雪体育校本课程，如高校课程建设和特色发展方面，哈尔滨体育学院就将冰雪运动作为本校的特色课程进行建设，开始大力发展冰雪运动，"打冰雪牌"，创造冰雪特色，并且卓有成效，取得了瞩目的成绩，培养出了大

批的冰雪体育人才，为黑龙江省，乃至我国冰雪人才的培养和输出作出卓越贡献，同时这样的成绩对于黑龙江省发展冰雪事业也有较大的促进作用，能够对黑龙江省冰雪事业的发展和人才的培养进行反哺式的积极影响，久而久之形成了丰厚的文化底蕴并且进行良性循环，为黑龙江省打造冰雪体育人才高地奠定了较好的群众基础和文化资源。

（二）教育资源方面的优势

借助黑龙江省在发展冰雪运动与生俱来的地域和气候方面的先天优势和深厚的冰雪文化底蕴，很多学校，特别是高校开设了与冰雪相关的课程，因此他们积累了丰富的经验，同时奠定了坚实的基础，具有开设冰雪体育课程的经验和传统，涌现出一批具有冰雪运动特色积淀的学校，从而形成了从基础教育阶段到高等教育阶段的连贯性的衔接，能够在一定范围内进行成体系的、系统性的冰雪体育人才培养机制。另外，加之黑龙江省一些开设冰雪体育专业相关课程的高校和职业学校，如哈尔滨体育学院、黑龙江冰雪体育职业学院等专业院校雄厚的师资和条件，在冰雪体育技能教授、冰雪知识的传播和冰雪体育人才培训方面具有无可替代的优势。

（三）竞赛资源方面的优势

依托黑龙江省丰富的冰雪事业的资源和雄厚的冰雪体育事业底蕴，综观全国也有着其他地区不可比拟的先天良好条件，特别是近年来我国大力发展冰雪体育，举办、承办了一系列的大型冰雪体育赛事，如第二十四届世界大学生冬运会在黑龙江省哈尔滨市举办，以及亚洲冬季运动会等大型国际冰雪体育赛事。这些赛事的举办，不仅在承办冰雪体育比赛方面让黑龙江省积累了丰富的经验，同时通过赛事的举办为黑龙江省了解大型比赛的前沿性信息提供了良好的渠道，另外，通过这些大型赛事的举办和承办，对黑龙江省冰雪事业的发展也起到了很好的宣传效应，提高了黑龙江省在全国，乃至国际上的知名度，间接地推动了黑龙江省冰雪旅游的发展和繁荣，上述这些效应都是大型赛事的举办和承办为黑龙江省留下的丰厚的物质和精神文化遗产，与此同时这些大型赛事的承办和举办，对于黑龙江省进行赛事人才培养和建设场馆、场地等硬件设施方面也能起到推动作用。

（四）品牌资源等方面的优势

多年来，黑龙江省通过一代代冰雪人不断的努力和付出，不断地进行冰雪运动人才的培养，在竞技体育方面，为我国输送了杨扬、张虹等众多奥运（世界）冠军，同时也在地域特色方面，打造出哈尔滨、七台河等冠军之乡品牌城市。随着冰雪旅游的不断发展，"冰城""雪乡"均已形成品牌，全国各地旅游爱好者选择来黑龙江进行冰雪旅游，体验黑龙江省的北国风光。现在提到冰雪旅游，人们脑海里首先映出的就是黑龙江省。每年冰雪节的举办，提高了黑龙江省冰雪事业发展的知名度，为黑龙江省打造冰雪体育人才培养高地积累了品牌优势。

二、黑龙江省冰雪体育人才资源开发对策

（一）冰雪竞技人才的开发对策

1. 建立联赛制度，整合全省资源

体育运动的发展离不开赛事的举办，多年来，各大赛事的举办都带动了与之相关的体育

事业的发展，NBA带动了篮球运动的普及，不仅为篮球运动员后备人才选拔和培养奠定了坚实的群众基础，同时也激发了群众，特别是青少年儿童对篮球的参与兴趣；我国成功举办的2022北京冬奥会，带动了冰雪运动的发展，由此可见赛事对于人才培养和运动的开展和普及所带来的积极效应，因此，本书认为应该在全省范围内建立联赛机制，定期举办一些规模较大的赛事，把全省有条件组建队伍的地市联合起来，进行资源整合，以市场化运作，激活冰雪体育市场的同时，培养竞技人才。

2. 充分发挥高校教育优势，把好人才培养质量关

黑龙江省有着丰富的冰雪运动经验和雄厚的冰雪文化底蕴，还有从基础教育到高等教育等各个教育阶段都有着丰富的教育资源，应该将冰雪体育人才资源开发与黑龙江省体育院校的教育优势相结合，对教练员和运动员进行学历教育、进修和培训，以及对运动员进行其他技能培养，保障其退役后的就业，解决其后顾之忧。

3. 加强国际交流与合作，做到"引进来，走出去"

我国在冰雪事业发展上要晚于其他冰雪事业发达国家。我国可以输送优秀运动员去冰雪运动发达国参加职业联赛、派送教练员和滑雪指导员，乃至冰雪事业技师人才去进行交流学习，聘请执训经验丰富的优秀教练员来黑龙江省执训；选拔和输送冰雪体育方面比较优秀的人才赴国际公认的高水平教育机构交流学习和进修，与国际体育组织建立长期的合作交流关系；选派冰雪赛事组织、裁判人员参与国际上大型的冰雪运动赛事的裁判与组织管理工作，同时根据黑龙江省现有条件，有计划地申办国际冰雪体育赛事，培养一批专业的冰雪项目技术人员和管理人才。

(二) 大众冰雪运动指导人才的开发对策

1. 普及校园冰雪课程，以政策培育冰雪培训市场

冰雪体育人才的培养过程是漫长的，十年育树，百年育人，应该从小学到高中建立相应的冰雪运动教学大纲，在基础教育阶段为培养冰雪人才打好基础，扩大高校招收冰雪体育隐性人才的基数，提高高校选拔隐性人才的质量，降低高校培养冰雪体育隐性人才的成本和难度；通过招生政策向冰雪运动方面倾斜以改革引导冰雪项目发展，将冰雪项目引入中考、高考的评价体制以突出冰雪项目的地位，目前的中考标准中，冰雪项目评定标准过低，根本无法驱动冰雪体育培训事业的开展。建立难度适宜的评价体系，以能培养学生运动兴趣、掌握一定的运动技能为基准，从而使评价体系真正发挥作用。

2. 做好运动员转型，解决职业运动员后顾之忧

职业冰雪运动员首先是冰雪运动竞技体育领域的人才，其次也是冰雪体育中其他领域的隐性人才，对其进行适当的培养或者再培养，有极大可能会使其成为冰雪体育其他领域的优秀人才，如竞技体育的执训人才、大众体育的滑雪指导人才、冰雪产业的运营人才。另外，运动员退役后的安置问题一直是困扰我国竞技体育的大问题，做好专业运动员的技能转换和技能扩充，引导其向冰雪体育的其他领域发展。一方面，保证了冰雪体育人才的保留，不流失；另一方面，解决了运动员的去向和安置问题，一举两得，可以以市场需求和我国冰雪发展需求为依据和标准，将体育院校的培养优势和企业代培的优势结合起来，以校企合作的形式进行人才资源的开发。

3. 加强国际交流和合作，与国际前沿对接

可以与国外较权威的组织、协会甚至是国家和地区进行合作，与国外冰雪俱乐部、协会组织对接，开展相关的培训、进修活动，培养能够满足国际需求的先进人才，将先进的发展理念引入我国冰雪事业的建设。重新制定冰雪运动指导员资格认证的统一评价标准，引进国际上公认的、发展较完善的考核标准进行冰雪体育人才的培养和考核，实现达到从业标准方能执业的目的。

（三）冰雪运动专业技师人才的开发对策

1. 结合市场实际需求，引进国外人才

就目前而言，冰雪体育硬件设施的专业人才和专业人才的相关培养是黑龙江省人才培养的真空带，冰雪体育硬件设施的专业人才是黑龙江省目前急切需要的重要人才，黑龙江省对其资助培养所耗费的人力、物力和财力是巨大的，且因培养周期过长无法满足目前的人才需求的紧迫性，可以由相关职能部门、组织或者协会成立专门的培训机构，以市场的现实需求为出发点，定期聘请冰雪运动领域的技术专家专门针对冰上和雪上场地的制冰、压雪、场地维修等服务进行专业性的技能指导与培训。

2. 整合资源、搭建平台

在全省范围内创建冰雪产业的相关协会，搭建一个冰雪产业平台，通过平台进行人才、信息、赛事、装备研发等多方面的整合，搭建起冰雪运动人才信息资源库和服务平台，积极与国内外行业、冰雪运动的相关协会、国际单项体育联合会、装备器材生产研发商、场馆业主，以及国内外相关专家技师建立联系，进行合作，通过聘请或在线咨询的方式解决问题。

（四）冰雪运动经营管理人才的开发对策

1. 建立跨领域的联合培养模式

高校和企业是培养人才的重要基地，目前而言，高校是培养人才的重要基地且是输出人才的重要源泉，满足的是社会需求，对接的是社会的企业，高校培养的人才是否能够满足社会需求，让人才进入企业进行实践的检验最能够体验出来，此为企业关于人才培养的重要作用之一。企业较高校而言能够根据社会需求进行及时且灵活的转型以满足社会需求对其的要求，因此可通过校企合作的方式培养人才，由高校进行初培养，若培养出的人才能够满足社会需求则能够被企业直接运用，若无法满足，则由企业进行人才的再培养，双管齐下，实现高校的跨学科联合培养人才，以"体育学＋经济学＋管理学"形式推进。

2. 建立跨区域的培养模式

与国内外企业，特别是装备制造和研发企业进行积极、深入的交流合作，以企业长期的战略合作促进冰雪体育人才的培养；同时加强与国际组织的合作关系，积极参与国际上大型的冬季运动赛事的运营、管理与效益开发工作，为我国冬奥会及未来冰雪运动发展储备经济管理人才。

（五）冰雪科技人才的开发对策

1. 发挥传统优势，进行技术转移和经验转化

黑龙江省作为我国的老工业基地，虽然国家在推动黑龙江省进行转型，但是在重工业生

产和制造方面黑龙江省有着先进的技术和丰富的经验，应该将这种技术和经验与冰雪事业机械设备需求相结合，充分利用老工业基地的制造优势，将重型机械设备生产制造的技术和经验转向大型冰雪机械设备制造，培养研发和技术人才。

2. 充分发挥黑龙江省高校优势进行人才培养，建立人才智库

高校是人才培养的主体。首先，应增加对高校利好的办学政策，尤其是体育院校，应在招生、组建运动队、访学进修、培训学习等方面给予政策倾斜，解决人才培养的生源问题；其次，充分利用省内高校和科研院所、实验室的科研优势，整合人才，使人才和技术流向冰雪体育器材装备的制造与研发，形成自己的新技术，打造本土品牌，建设本土队伍；最后，建立黑龙江冰雪体育"人才库""智库"，培养冰雪体育拔尖人才，提供优质待遇，逐渐建成稳定的人才梯队。

3. 制定相关措施留住人才，降低人才流失率

纵观全国，黑龙江省在冰雪体育人才培养方面可谓是名列前茅，但是面对自身的劣势，特别是经济方面的劣势，所产生的最直接的问题就是培养出来的人才无法留住，导致人才流失问题，这对黑龙江省冰雪体育人才储备是致命的打击，应该制定有利于冰雪体育人才发展的激励性措施，吸引各领域人才进入冰雪运动行业，为人才创造优质的发展环境以留住人才。

（六）复合型冰雪体育人才的开发对策

1. 找准人才培养的市场定位，提高体育人才培养的精准性

首先，冰雪产业的创新发展需要提高人才培养的质量，强调从黑龙江省冰雪产业的市场定位出发，大力培养应用型专业技术人才，满足黑龙江省冰雪产业管理、运营、维护与信息服务方面技术人才的需要。

其次，要大力培养具有高水平竞技能力的冰雪体育人才，满足黑龙江省冬季奥运项目发展的需要，解决体育人才供给不足问题。

最后，需要对冰雪人才培养进行精准定位，针对各县市冰雪人才的实际情况，大力发展冰雪体育教育，采用订单式人才培养模式，基于黑龙江省冰雪产业增长的内生动力来提高人才培养质量，开展跨学科课程、专业实践课程和校企一体化实践课程的建设，达到有效留住冰雪人才的发展建设目标。

2. 全力保障高水平人才的需要

目前，在冰雪产业发展中极度缺乏高水平的复合型冰雪体育人才，缺少具备相关知识背景，有丰富实践经验，掌握核心技术并受到市场青睐的人才。

首先，要从供需对接出发，根据冰雪经济需要修订人才培养方案，弥补高层次冰雪人才的缺口。尤其是面向冬奥会，要培养高层次的复合型技术人才。

其次，黑龙江省冰雪产业的专业技术人才缺口较大，应当从高层次人才的缺口出发，解决现阶段黑龙江省冰雪体育人才不足的困局。在保障激励机制上，政府应出台积极的扶持政策，吸引优秀冰雪体育人才到黑龙江落户，做到人才能够引进来，还要保证人才能够留得住，从而给行业发展提供人才。

最后，人才培养还要做到岗位与职位对接，要求冰雪体育人才具备与岗位相匹配的知识与技能。高校和企业要及时根据产业发展的需要，优化人才培养目标，制定模块化的课程，调整理论与实践教学的比重，缩短人才成长的周期，更好地发挥应用型人才对黑龙江省冰雪产业的作用。

3. 完善冰雪体育人才的培养机制

黑龙江省冰雪体育产业发展的关键在于减少资源浪费，降低产业成本，从整体出发探寻特色发展道路。应当从黑龙江特色的冰雪文化出发，开辟冰雪体育人才培训基地，通过校企合作的方式提高人才培养的质量。

首先，人才共享平台建设应当具有政府背景，强调在政府主导下构建冰雪行业人才流动机制，采用"体教结合"的人才培养方式，建立人才监管机制，实现多种资源的有效整合，通过一系列的政府法规、制度促进冰雪人才教育与培训适应行业发展需要。

其次，开辟冰雪体育人才培养的新路径。学校要采用"育引结合"的教育方式，激发冰雪专业学生的创新、创业活力，还要打造优质的教师队伍，反馈用人单位对黑龙江高校冰雪体育人才培养质量的建议，及时优化人才培养目标，完善人才市场的选择机制，并根据市场需要修订长期和短期人才培养方案。

再次，建立校企合作，构建政府、企业、学校共同参与的冰雪体育人才培养的市场化运作机制，充分发挥社会机构在培养竞技人才方面的作用。

最后，整合各类社会教育资源。通过线上授课、机构短期培训等模式，弥补冰雪产业从业人员的专业技术能力不足等问题，运用职业资格考试等制度引导冰雪体育产业人才成长发展。

第五章 黑龙江省冰雪体育资源
产业化开发研究

第一节 黑龙江省冰雪体育资源产业化开发优势

一、冰雪场馆资源开发潜力大

滑雪场和滑雪者是滑雪产业的核心要素，其数量是衡量滑雪产业发展好坏的重要指标。不管是滑雪场数量增多，还是滑雪者人数增加，都可以较快提高该地区滑雪产业的发展水平。2021－2022 年黑龙江省运营雪场数共 79 家，居首位，其次是新疆维吾尔自治区、河北省、山东省（表 5-1）。

表 5-1　中国部分省份雪场数量分布

省份	2021－2022 年运营雪场数（家）	2020－2021 年运营雪场数（家）	2021－2022 年因疫情或其他原因未运营雪场数（家）	2021－2022 年新建雪场数（家）
黑龙江省	79	94	15	0
新疆维吾尔自治区	65	65	2	2
河北省	63	65	3	1
山东省	61	63	2	0

资料来源：《2021－2022 中国滑雪产业白皮书》。

目前，黑龙江省冰雪运动最受欢迎的两个地方分别是哈尔滨市和齐齐哈尔市。虽然黑龙江省冬季冰雪期长，但专业冰雪运动员却只有短短 4 个月左右的时间能进行训练，其余时间专业冰雪运动员只能在室内冰场来维持训练，满足不了冰雪运动的需求。但科学技术的发展改变了这一局面，充气膜、彩钢板等新型保温材料的出现，气膜馆的产生解决了这一难题。2019 年黑龙江省哈尔滨市在冰雪体育活动开展方面大大加强了冰雪建设的步伐。例如，建设了 10 处气膜冰上体育场馆、建立了 10 座室内冰上体育活动中心，浇建了 80 块室外公益冰场，这些措施加速了"三亿人参与冰雪运动"实践的步伐。由于"滑冰热""冰球热"的出现，黑龙江省冰场、雪场数量日益增多。2022 年北京冬奥会给黑龙江省冰雪场馆资源开发提供了重要的机遇，黑龙江省要紧紧抓住该机遇，使黑龙江省"冰雪大省"变为"冰雪强省"。

二、冰雪旅游资源影响力强

黑龙江省冰雪文化源远流长，1963 年第一次创立冰灯游园会，2019 年哈尔滨冰灯艺术游园会诞生后，哈尔滨兆麟公园共举办了 49 届冰灯会，已成为我国冰灯艺术文化的鼻祖。哈尔滨人利用自己的聪明才智把冰雪资源打造成千姿百态的冰雕，象征着黑龙江人民刚正不阿的精神。哈尔滨冰灯游园会是世界上形成时间最早、规模最大、影响力大的冰灯文化展览。哈尔滨兆麟公园也因独特的冰灯文化、丰厚的历史文化底蕴被评为中国十大最受外国游客欢迎的公园，每年冬季吸引众多国内外游客。2019 年黑龙江省以冰雪运动为主题亮相中国体育文化和体育旅游博览会，生动形象地将"冰"与"雪"元素相结合，给参观者带来了相当的视觉冲击，充分展现出黑龙江省冰雪文化的魅力与价值。

"北国好风光，尽在黑龙江。"地理位置和气候条件的独特性，使黑龙江省冰雪资源极其丰富，全年有长达 6 个月的冰雪期，可以说当地人们的生活和生产已离不开冰雪的足迹。黑龙江省冰雪旅游产业以冰雪资源为基础，以冰雪文化为纽带，产生了许多各具特色的冰雪旅游产品。黑龙江省以哈尔滨城市游线路为中心，"神州北极""火山森林""鹤舞雪原""大美雪乡"四条线路辐射全省，带领游客领略"北国"好风光。第四届黑龙江省旅游产业发展大会、古驿路文化旅游联盟成立大会和第三届龙江东部湿地旅游联盟推进会议等活动的相继举办，进一步扩大了"北国好风光，尽在黑龙江"的美誉度和知名度。

三、冰雪赛事资源拉动作用突显

黑龙江省冰雪旅游胜地举办的各种体育赛事，不仅推动了相关景区的基础设施建设，而且也提高了景区知名度，为黑龙江省冰雪活动与冰雪赛事的开展提供了良好的平台。黑龙江省承办过的冰雪体育赛事主要有：世界大学生冬季奥运会、亚洲冬季运动会、国际冰雪节第三届越野滑雪赛等。冰雪体育赛事对黑龙江省第三产业的拉动效应尤为显著。齐齐哈尔市是中国的"冰球之城"，其冰球的发展历史已有 60 多年，曾获"亚洲最佳冰球城市"称号，这里的与冰球相关的人才、场馆、赛事、装备制造、服务业等各项产业发展水平均居中国一流水平，是中国冰球运动项目整体实力的风向标。2021 中国·齐齐哈尔冰球邀请赛在齐齐哈尔市开幕，来自全国多个城市的 110 支队伍在 12 天的比赛中，进行 270 多场比赛，提高了"冰球之城"影响力和认可度，促进了全国冰雪运动普及推广，同时拉动了城市餐饮、住宿、交通等，促进了经济消费。

据计算，参加冰雪赛事的人群中约有 80% 的人有旅游动机，显而易见冰雪赛事人群大部分都是冰雪观光人群。黑龙江省在举办冰雪体育赛事时，应把各区域冰雪产业资源、冰雪自然资源、冰雪景区资源进行融合，形成一定的拉动效应。在人们积极参与冰雪运动，参加冰雪体育赛事的同时，把冰雪观赏性活动融为其中，以吸引更多的消费者，带动黑龙江省冰雪旅游业的发展。冰雪体育赛事在黑龙江省冰雪旅游业中具有不可估量的作用，一方面举办冰雪体育赛事是提升黑龙江省冰雪旅游知名度的重要手段，是扩大冰雪旅游业影响力的重要推手；另一方面冰雪体育赛事吸引了大批国内外冰雪运动人员和冰雪爱好者，这是增加黑龙江省冰雪旅游人数的重要来源。同时，通过各种各样的冰雪赛事对黑龙江省冰雪体育的宣传，提高了黑龙江省冰雪旅游业的知名度，为黑龙江省冰雪体育资源产业化良性开发提供了更多的发展机会和发展空间。

四、冰雪体育人力资源基础好

人才是兴国之本、富民之基、发展之源。冰雪体育人才是冰雪体育产业发展的核心要素，黑龙江省利用其冰雪自然资源优势较早培养专业的冰雪体育运动人才，并取得了突破性的成效，培育了国内第一批冰雪项目奥运冠军、冰雪竞技人才等冰雪类体育项目拔尖人才。1980 年我国首次参加冬季奥运会，至今一共获得了 22 枚奥运会金牌，2022 年第二十四届中国北京冬奥会中共获得了 9 枚金牌，创我国冬奥历史最佳战绩。

如果说经济是国之基础的话，那教育必然是立国之根基。人才的培养与教育密不可分，而教育与学校紧密相连，学校是专门培养人才的场所，因此，冰雪体育人才的培养离不开冰雪体育学校。黑龙江省相继建立了多所大学，以专门培养冰雪运动方面的优秀人才。2020 年黑龙江全省冰雪特色学校数量达 500 所以上，冰雪特色学校初见规模，带动作用明显，逐步成为冰雪运动后备人才培养的摇篮。

黑龙江省建设的冰雪特色类学校，涵盖了小学、中学、大学，为黑龙江省冰雪产业的发展奠定了良好的人才基础。为响应"三亿人参与冰雪运动"的号召，一方面，黑龙江省在 2022 年冬奥会上有更多的黑龙江运动员代表中国参赛，并取得了卓越成绩；另一方面，黑龙江省作为我国冰雪体育运动项目的主要发源地，其冰雪体育产业在我国各区域中所处的地位相当重要，在我国冰雪体育产业开发过程中占据重要地位。因此，黑龙江省要充分发挥冰雪体育人才资源优势，为黑龙江省冰雪体育资源产业化开发提供强有力的人力资源保障，积极引领冰雪体育资源产业化良性开发。

第二节　黑龙江省冰雪体育资源产业化开发目标

一、提高冰雪体育资源的优化利用

滑雪场是冰雪资源的核心，是开展冰雪运动的基础，要想提高冰雪资源的优化利用，滑雪场的优化利用是重点。优化利用滑雪场，是目前黑龙江省冰雪体育资源产业化开发的重要目标。

1996 年黑龙江省承办了亚洲历史上规模最大的冬运会——亚洲冬季运动会；2009 年举办了中国历史上第一次举办的世界级冬运会——第二十四届世界大学生冬季运动会。参与运动会的场馆包括哈尔滨国际体育会展中心、亚布力滑雪场、帽儿山滑雪场、哈尔滨冰球馆等，场馆的优化利用可以在认真分析和借鉴国外奥运场馆赛后运营经验中获取经验。赛后场馆经营的核心在于全面开发场馆的功能，大范围寻找并且服务于目标人群，大规模创造可以带来经济效益和社会效益的冰雪产品。

黑龙江省在充分挖掘冬运会场馆功能时，首先，要以举办各种冰雪体育赛事为主，以群众健身活动和职业体育活动为辅。其次，要充分发挥黑龙江冰雪体育场馆的综合性场馆功能，如集会、演出、展览、休闲娱乐等功能，确保任何功能都可以在同一时间、同一空间切换自如、互相配合，以达到冰雪场馆最大化利用。同时，冰雪场馆运营企业要多举办一些市场活动来开发冰雪体育产品，使消费者对冰雪体育产品形成一种品质与感官认知，再根据冰雪体育产品表现出来的顾客忠诚度开发冰雪体育场馆，进行特许体育产品等项目的开发。黑龙江省要积极把冰雪体育比赛场馆和活动场馆向综合性的商业中心方向转换，及时更新企业经营观念，以提高冰雪体育场馆的优化利用度。

二、加快冰雪体育资源的产业链延伸

黑龙江省丰富的冰雪资源，为延伸黑龙江省冰雪体育产业链提供了重要的物质基础。冰雪旅游、冰雪赛事、冰雪装备等产业是构成冰雪产业链的主要因素，对黑龙江省来说，打造冰雪体育资源产业链是一项极为复杂的工程。

在冰雪产业链中，滑雪场经营是核心，其中上游产业主要有滑雪装备（包括索道、压雪车等）、滑雪器材（包括滑雪服、滑雪板等）等相关产业，下游产业主要是旅游、交通、酒店等，上游产业可以带动下游产业的发展。滑雪体育装备是滑雪体育运动的基础和前提，如何科学合理地开发和发展滑雪体育装备制造业等问题，是目前黑龙江省滑雪产业相关人士还没有深入认识到其重要性的问题，黑龙江省滑雪产业相关的器材、滑雪配套设施及滑雪雪体育用品等装备的生产还处于"进口大于国产"的初级阶段。在国家振兴东北老工业基地的举措下，黑龙江省要以 2022 年北京冬奥会成功举办为契机，加快延伸冰雪体育资源产业链，逐步发展壮大冰雪配套产业。

未来的发展中，黑龙江省要加强与其他国家滑雪产业合作和沟通，引进国外优秀的雪场设计与开发人才，共同开发滑雪服装、滑雪器材、滑雪设备等滑雪产业配套设施，积极组织与鼓励黑龙江省雪场经营者到国外学习先进的经营理念、管理理念。被定义为国家老工业基地，是因为黑龙江省装备制造业技术水平高超。因此，要充分发挥黑龙江省制造业方面的优势，大力发展与冰雪运动相关的装备业和装备制造业，积极开发先进的冰雪运动相关器具、索道、造雪机、压雪车等设备，加强研发冰雪体育运动的专业服装、滑雪鞋、雪镜以及滑雪旅游纪念品等产品，把引进、消化、吸收融为一体，促使黑龙江省滑雪旅游向产业化、规模化发展。通过加强滑雪配套产业开发力度，积极研发冰雪装备制造业技术，扩大冰雪装备制造业范围，从而延伸冰雪体育资源产业链条，进而提高黑龙江省冰雪旅游经济效益。

三、促进冰雪体育资源与区域经济发展相互作用

区域经济发展属于发展经济学学科，它重点阐述了某一特定区域人们的经济发展水平。资源和产业密不可分，产业必然要在资源的基础上发展，没有资源产业也就发展不起来。而区域经济和产业是密不可分的，黑龙江省冰雪体育产业作为黑龙江经济的重要来源，具有一定的规模和良好的发展潜力，是黑龙江省区域经济发展的重要支撑点。换言之，黑龙江省冰雪体育资源与区域经济发展如同人和人的影子，紧密相连、相互作用。为此，如何处理冰雪体育资源与区域经济协同发展的关系，是目前黑龙江省冰雪体育资源产业化开发所要解决的主要问题。

对于黑龙江省来说，其冰雪体育产业与区域经济发展的相互作用越来越显著。一方面，特色冰雪体育产业是黑龙江省转变区域经济发展的主要方式之一；另一方面，特色冰雪体育产业作为体育产业发展的主体，在黑龙江省区域经济增长上起到了重要作用。黑龙江省特色冰雪体育产业是以特色的冰雪资源为利用主体，在市场竞争中具有较大的优势。所以，冰雪产业这一具有一定优势的产业在推动黑龙江省区域经济的发展中占有重要的地位。例如，黑龙江省独具特色的冰雪体育旅游业，作为冰雪体育经济的主体产业，近年来为黑龙江省区域经济的快速发展注入了强大的助推力和不菲的经济收入。

此外，区域经济发展在黑龙江省特色冰雪产业发展进程中起到了十分重要的促进作用。从经济学理论基础方面来看，当某个区域的市场拥有一定的物质基础时，较容易形成有效的市场需求，即容易形成现实的消费。也就是说，一个地区区域经济发展速度的快慢、经济质量的高低对该区域产业结构的升级有着较大的作用。对冰雪体育产业经济来说，当一个区域的经济发展速度较快、经济质量较好时，该区域人们的收入水平和消费水平就会随之增加，

对特色冰雪体育产品的有效需求也会增加。例如，冰雪体育产业发展较快的黑龙江省哈尔滨市、齐齐哈尔市、牡丹江市等，其冰雪经济发展水平相对偏高。

第三节　黑龙江省冰雪体育资源产业化开发对策研究

一、创新冰雪体育场馆服务供给

有效需求的缺失是我国市场经济体制中主要问题之一。供给侧结构性改革是顺应我国经济体制市场化改革的趋势和主要任务。目前，黑龙江省冰雪体育场馆服务供给的总量、质量、效率等已经无法满足广大人民群众多样化的冰雪体育服务有效需求，这恰恰正是供给侧结构性改革中指出的供给受到了抑制致使不能满足有效需求的具体体现。黑龙江省部分大型冰雪体育场馆服务的供给主体仍以政府为主，处于政府直接干预和垄断阶段，冰雪体育场馆服务供给的市场化不充分。与"市场在资源配置中起决定作用"要求相比还存在着较大的差距。如何创新黑龙江省冰雪体育场馆服务供给问题是黑龙江省冰雪体育资源产业化开发亟待解决的难题。

黑龙江省大型冰雪体育场馆服务的供给主体受政府部门事业单位管辖，也就是说政府是冰雪体育服务供给的单一主体。黑龙江省大型冰雪体育场馆建设时需要大量资金、先进的经营与管理理念等多方面的支持。要想使冰雪体育服务市场长期处于稳定且盈利的状态，化解黑龙江省地方政府的财政负担，提高冰雪体育场馆服务的经济效益和社会效益，公私合营模式是不二选择。美国作为全球体育产业发展的先行者，19世纪前就已经把公私合营模式纳入体育场馆的建设和运营中，并取得了不错的成效，为黑龙江省冰雪体育场馆运营与管理提供了经验和参考。

公私合营模式是以"利益共享、风险同担、全程合作"为核心，政府把一部分责任以特许经营权的形式转向社会企业的模式。近年来，随着我国综合实力的不断增强，越来越多的人开始注重生活的质量，对公众体育需求不断增加，呈现多元化趋势，产生了政府在冰雪体育设施场馆建设和维护过程中资金严重不足的现象，制约了黑龙江省冰雪体育场馆产品的供给能力。社会上的闲散资金却相对充分，公私合营模式主张通过给予社会企业特许经营权的融资方式，使社会上的闲散资金有效地向投资方向转化，从而实现社会资源达到优化配置的效果。

黑龙江省地方政府要积极运用税收政策来保障财政收入的有效回报，如门票收入税、冰雪体育场馆运营活动收入税、广告税等要随着场馆的运营而征收，努力实现场馆财政投入的有效回收，以减轻政府的财政压力。社会企业要积极承担冰雪体育场馆的建设、运营、管理与维护基本设施等基础性工作，通过冰雪体育场馆"使用人员付费"来获得投资回报，使政府和社会企业达到"双盈"的目标。

公私合营模式可以有效引入竞争机制，提高黑龙江省冰雪体育场馆服务供给效率和质量水平。在冰雪体育场馆中，黑龙江省地方政府是"监督者"，社会企业是"执行者"。而在市场竞争机制中实行的是"优胜劣汰"原则，这些原则会推动社会企业降低生产成本，改善体育场馆产品质量，以提高其在产品市场上的供给效率。实行公私合营模式后，许多社会企业间的竞争局面加剧，如果冰雪体育场馆设施经营者经营不善，就会失去再次续约的可能性。因此，社会企业会想方设法地提高经营管理的效率，改善冰雪体育产品质量，使冰雪体育场馆使用者得到更舒适、更便利的产品。

公私合营模式为黑龙江省冰雪产业的发展开辟了一条企业与政府合作的新路，以市场竞争机制的形式对资源进行合理配置。经过政府与企业的多方位合作，形成的竞争性冰雪体育场馆经营模式，可以扩大社会大众可替代产品的范围，给社会公众带来了较大的实惠和帮助。

二、以业余冰雪体育赛事常态化为保障形成冰雪体育资源优化利用

黑龙江省是我国最早发展冰雪运动的地方，同时也建设了许多冰雪体育场馆。冰雪体育场馆作为冰雪体育赛事的举办场所，其数量和质量在冰雪体育赛事的开展过程中起到了至关重要的作用。近年来，随着黑龙江省冰雪经济水平的提高，黑龙江省速滑馆、哈尔滨理工大学体育活动中心、哈尔滨国际会展体育中心体育馆、哈尔滨体育学院滑冰馆、亚布力滑雪场的场馆设施以及相关的餐饮服务、酒店设施、交通网络等功能均已符合开展国际比赛的要求。这不仅为举办大型冰雪体育赛事提供了较好的设施准备，也为今后冰雪体育在全民健身中的发展奠定了良好的基础。

几乎我国所有大型体育场馆的建设初衷都是为了举办大型体育赛事，一定程度上忽视了其他方面的需求，导致我国体育场馆的利用率较低，冰雪体育场馆更是如此。加之，我国大型体育场馆大部分是由政府投资兴建，在承办体育赛事方面存在着一定的局限性，导致冰雪体育场馆闲置时间较长，利用率低。近几年，黑龙江省大型冰雪体育竞技比赛日趋增多，其目的是获得更多的奖牌。而非竞赛性、非营利性的大众冰雪赛事相对较少，对群众来说，可参与的开放性冰雪体育场馆较少。在"三亿人参与冰雪运动"的背景下，为打破冰雪体育场馆只专项开展重大国际性竞技冰雪体育比赛的局面，位于冰雪资源黄金地区的黑龙江省，应科学合理地规划冰雪体育场馆，开展多类型、多样化的业余冰雪体育赛事，这是改善这一局面的关键，也是黑龙江省冰雪体育资源优化利用的最佳途径。

2022 年北京冬奥会的成功举办，促使冰雪运动在全国体育界掀起了一阵热潮。同时，在国家倡导全民健身运动的背景下，促使了新的运动方式的形成。冰雪体育赛事是冰雪体育产业的主要体现，仅仅依靠现有的竞技冰雪体育赛事，是不能支撑黑龙江省冰雪体育产业的发展速度的。业余冰雪体育赛事是非专业或职业运动员参与的体育赛事，主要面向的是大众，是黑龙江省冰雪体育产业的重要一部分。黑龙江省要想保持业余冰雪体育赛事的持久活力需要各个因素的相互合作和配合。

首先，政府应鼓励开展业余冰雪体育赛事，倡导赛事的市场化运作方式。业余冰雪体育赛事的成功举办，既需要政府各部门之间的内部协作，如公安、卫生、环保等部门，也需要政府与社会、企业等的外部协作。黑龙江省政府要大力支持业余冰雪体育赛事的开展，制定相应的政策规则以保证赛事的合理性和合法性，监管冰雪体育赛事产业的工作，协调业余冰雪体育赛事市场的短缺工作。同时，部分业余冰雪运动项目的资金出政府分配，另一部分应积极鼓励社会、企业等对冰雪体育赛事的赞助。

其次，"互联网"时代促使新媒体日益崛起，业余冰雪体育赛事传播与推广的方式也会越来越多样化。根据中国互联网络信息中心发布的第 50 次《中国互联网络发展状况统计报告》显示，截至 2022 年 6 月，我国网民规模为 10.51 亿，手机网民规模为 10.47 亿，网民中使用手机上网的比例为 99.6%。这充分表明，手机已经离不开人们的视野。而在手机移动媒体中，微信公众号占领了移动媒体行业的首位，我国已进入微信公众平台引领移动互联网

的时代。黑龙江省冰雪协会和赛事主办方要抓住这一时代趋势，在赛事前开通相关的微信公众号，实时发布赛事的最新动态，让大众能第一时间了解到赛事的最新消息；扩大黑龙江省冰雪体育协会微信公众号的宣传范围，增加参与赛事的人数规模；在公众号中设置互动环节，熟知人们对赛事的需求，更好地开办一些大众喜爱、感兴趣的业余赛事。

最后，赛事主办方应注重业余冰雪体育赛事的创新，要把业余冰雪体育大众的需求放在第一位，根据大众需求的变化，创新业余冰雪体育赛事的内容和形式，打造特色冰雪赛事品牌。适时开展公益性冰雪体育赛事，让大众免费参与体验赛事之中，提高赛事服务水平，加深大众对赛事品牌的良好印象，提高业余冰雪体育参与者的兴趣，激发大众参与赛事的热情。

三、以"国家级冰雪专业技术培训基地"构建为突破深化冰雪体育资源优势

黑龙江省是我国冰雪大省，在区域经济发展、冰雪文化提升、冰雪体育人才培养等方面具有较大的发展潜力。近年来，黑龙江省对冰雪体育人才的需求越来越大，特别是在 2022 年北京冬奥会背景下，黑龙江省需要更多高质量、高水平的冰雪人才来满足本区域对冰雪运动发展的需要。因此，整合黑龙江省现有的冰雪体育资源优势，构建"国家级冰雪专业技术培训基地"既是促进黑龙江省区域经济发展的必然要求，又是培养黑龙江省高素质冰雪体育人才的重要体现。

冰雪体育人才培养离不开实践的支撑，而实践基地是近年来培养冰雪体育人才的重要场所。冰雪体育人才培养的实践基地，是以冰雪体育人才培养的实践为基础，对实践基地进行针对性的建设，形成冰雪体育人才培养的示范功能。冰雪体育人才在培养过程中学习了一定的理论基础，如冰雪运动的基本技术理论、冰雪运动项目的基本特征等，然而理论的学习和能力的提高需要实践的检验，因此，冰雪实践基地本质上是冰雪体育人才实践培养的支撑。构建冰雪实践基地是黑龙江省冰雪体育发展培养高素质人才的有效途径，是缓解黑龙江省冰雪体育人才资源不足的一剂良药。冰雪实践基地以黑龙江省速滑馆、哈尔滨国际会展体育中心体育馆、哈尔滨体育学院滑冰馆、亚布力滑雪场等特色场馆为主线，按照冰雪运动的发展要求和冰雪体育人才需求来构建，政府有关部门和社会企业也需投入相应的资金和提供相应的对策给予支持和帮助。

黑龙江省各冰雪院校要努力把冰雪项目打造成特色项目及优秀学科。充分利用黑龙江省冰雪奥运冠军人才资源、高等院校及专业体育院校师资等资源，通过设立体育 MBA 专业等方式，增加相关的冰雪体育知识、体育旅游、体育赛事等各类复合型冰雪专业体育人才。同时，定期培训冰雪项目裁判员、教练员、社会体育指导员，开展各级各类培训活动，实行冰雪项目岗位培训专项技能考核制，以提高冰雪人才的实践能力和社会适应能力。冰雪体育教师是冰雪运动进校园的重要支撑，为了促使冰雪运动进校园活动能够顺利展开，满足黑龙江省学校冰雪运动教学工作的需求，加强冰雪体育教师培训迫在眉睫。应积极覆盖黑龙江省各冰雪运动特色学校的体育骨干教师、有关冰雪运动专长的学科教师，根据教师的滑雪基础，以小组活动为主要形式，由专业滑雪教练员进行有针对性的理论教学和高山滑雪技能教学方法与实操培训。这有助于提升黑龙江省学校体育教师冰雪运动技能和教学水平，培养一支优秀的学校冰雪体育教师队伍，努力推动黑龙江省冰雪运动在校园的普及和发展。黑龙江省以"国家级冰雪专业技术培训基地"为试点，深化冰雪体育资源优势，为黑龙江省经济的高质

量发展提供新来源。

四、以"互联网＋"为平台间接治理冰雪体育旅游市场

近年来，以互联网为代表的新科技革命正在深刻改变着黑龙江省经济发展水平和人们的生产生活质量，互联网的发展为黑龙江省冰雪旅游业的快速发展带来了全方位变革。如今，在我国"互联网＋旅游"市场逐渐成熟。"互联网＋旅游"促进了互联网与其他旅游产业的相互发展与融合，新兴市场的发展对黑龙江省冰雪旅游景区管理效率的提升、游客服务质量的提高、景区竞争力的强化等方面有一定的积极作用。黑龙江省冰雪旅游市场是我国规模最大、发展速度较快的旅游市场之一，但是近年来黑龙江省冰雪旅游市场野蛮生长的现象仍然屡见不鲜，经常出现雪乡宰客、欺客等市场监管不力的消极新闻，严重影响了黑龙江省冰雪旅游的发展。如何利用好"互联网＋"这一平台，间接治理冰雪体育旅游需要做到以下几点。

（一）建立黑龙江省智慧旅游大数据平台

互联网的发展与大数据相得益彰。互联网的发展为大数据提供了较多的信息与数据资源，大数据为互联网的快速发展提供了较多的支持、服务与应用。旅游行业中的旅游景区动态监测、旅游舆论监测等工作都需要大数据的支持。黑龙江省旅游局应制定智慧旅游总体方案，建立"一个中心，三大体系"的总建设目标，即以黑龙江省智慧旅游大数据为主，以黑龙江省智慧旅游服务、销售、管理体系为辅。旅游大数据能够较快地分析旅游景区的游客画像、游客舆情，提高了旅游业的协同管理功能和公共服务功能，对改革黑龙江省冰雪旅游服务、冰雪体育旅游市场等方面有一定的推动作用。

（二）建立黑龙江冰雪旅游公共信息服务平台

黑龙江省旅游局在面向国内外游客时，要提供有关冰雪旅游的公共信息查询系统、冰雪导游导览系统、冰雪旅游投诉与处理等方面的在线服务，使黑龙江省冰雪旅游公共信息服务向在线化和一体化方向发展。严厉打击不合理低价游经营模式，保证黑龙江省冰雪旅游市场秩序以持续向好态势发展。

（三）创新冰雪体育旅游市场监管手段

黑龙江冰雪旅游场所利用互联网优势，接入监控指挥平台，通过线上实时监控旅游场所违规行为，及时下达整改通知。创立一套专门解决游客投诉的处理方案，使监管和服务无处不在。开通手机应用小程序或微信执法小程序，积极动员广大冰雪游客通过拍照、视频等上传举报信息，以整合黑龙江省冰雪旅游地的智慧景区，形成群防群治的冰雪体育旅游市场监管氛围。为黑龙江省冰雪体育旅游市场运营秩序更加规范、执法水平不断提升开创新局面。

五、以公共冰雪体育服务为保障，推动冰雪体育资源产业化发展

公共体育服务作为政府公共服务的主要内容之一，是指以政府为核心的公共体育组织为主体，以社会大众的公共体育需求为日标，向大众提供各式各样的公共体育服务。

随着 2022 年北京冬奥会成功举办，黑龙江省群众参与冰雪体育的热情空前高涨，参与冰雪体育的人数越来越多，对公共冰雪体育服务的需求不断增长。但是，由于黑龙江省体育

行政部门力量有限、冰雪体育资源利用率不高,现有冰雪体育资源已不能满足黑龙江省群众对公共冰雪体育服务的需求,使黑龙江省群众对公共冰雪体育的服务不满意。为更好地满足人民群众与日俱增的体育需求,建设公共服务体系已经迫在眉睫。因此,黑龙江省应大力创新公共冰雪体育服务体系发展机制,通过提高公共冰雪体育服务水平来推动公共冰雪体育服务体系的建设,是提高黑龙江省经济发展水平,促进冰雪体育资源产业化发展的根本性工作。

黑龙江省应以公共冰雪体育服务为保障,推动冰雪体育资源产业化发展,具体途径有以下几点。

(一) 政策创新激活市场

2014 年,国务院印发的《关于加快发展体育产业促进体育消费的若干意见》指出,以政府购买等多种形式为主,提高我国群众的健身消费水平。黑龙江省应积极尝试通过政府购买公共体育服务的方式,提高公共体育服务供给质量水平。政府购买公共冰雪体育服务可以激活黑龙江省冰雪体育旅游市场。以前,社会组织由于资金的缺乏,导致比赛的活动规模小、影响弱,参与和服务的人员有限。现在,政府加大了比赛经费的投资力度,配合社会组织的市场化运作,可以高效规范化地使用财政资金,对满足公共冰雪体育服务需求具有积极作用。同时,黑龙江省要积极出台与公共冰雪体育服务发展相关的一系列政策文件,省政府每年要以任务书的方式,把公共冰雪体育服务的系统工作分布到各市、区。

(二) 政府推动形成合力

首先,坚持秉承"体育即民生"的思想,把公共冰雪体育服务体系的建设贯穿于黑龙江省经济社会发展目标中。一个完善的公共冰雪体育服务体系是构建和谐社会,推动黑龙江省经济全面协调可持续发展的重要因素;是解决人民日益增长的冰雪体育需求,丰富居民体育文化生活,提高居民生活水平等的主要推动力。黑龙江省政府应将"冰雪体育惠民工程"列入全省年度重点工作中,把公共冰雪体育服务体系建设作为为人民谋幸福的实事中,政府每年要把大部分的体育彩票公积金投资于公共冰雪体育服务体系的建设中来。

其次,政府在公共冰雪体育服务供给中的职能要明确。公共冰雪体育服务供给要想持续发展,最根本的举措是政府部门要从思想观念上对冰雪体育加以重视并明确所要承担的相关责任。自 20 世纪 70 年代以来,政府提供公共体育服务不到位的现象屡次出现,这些问题主要就是在思想认识上出现了偏差,认为市场作为"看不见的手"可以解决一切问题。公共冰雪体育服务是以提升群众生活质量和水平及满足群众冰雪体育生活需求为目标,以丰富群众冰雪体育文化生活为主要目的的服务,这是政府的职能和职责所在。

最后,在公共冰雪体育服务资金供给方面,倡导多元化供给机制,改变传统的单一政府供给制。公共冰雪体育服务资金多元化供给是一种多元化供给形式,以政府为供给主体,市场和社会组织起辅助作用。因为政府本身具有公共性,是公共冰雪体育服务的主要提供者、服务者和管理者,以向社会各阶层人民提供高质量的公共服务为宗旨,所以政府供给是最重要的供给方式。为了使政府职能更加清晰,可以以特许经营方式、政府购买方式、合同外包等方式间接参与公共冰雪体育服务资金的供给。同时,在公共体育服务方面,黑龙江省政府部门应加大对公共冰雪体育服务市场监管力度,履行市场监管职能,拟订和实施有关法律条例,进一步加大我国的立法力度、执法力度。

第六章　黑龙江省冰雪体育产业发展概述

第一节　黑龙江省冰雪体育产业发展现状分析

一、冰雪体育产业概述

（一）冰雪产业

《2022 年中国冰雪产业行业市场前景及投资研究预测报告》中提到，冰雪产业是指以冰雪资源为依托，对其进行开发利用，附带产生社会或经济效益的一系列与冰雪有关的社会、经济和文化活动。冰雪产业主要包括冰雪旅游产业、冰雪文化产业和冰雪体育产业三部分，部分与部分之间可以起到相互促进的拉动作用。

本书认为冰雪产业是以冰雪资源为依托的经济、文化和社会活动的总称，是以冰雪竞赛业、冰雪休闲业为主体产业，以冰雪装备制造业、冰雪场馆业、冰雪旅游为支撑产业，以冰雪文化业、冰雪传媒业为外围产业，结合了第二产业和第三产业融合发展的产业链。

（二）冰雪体育产业

冰雪体育产业是冰雪产业的延伸，其概念界定应与冰雪产业相契合，又包含运动的特点。换言之，冰雪体育产业是在伴随冰雪运动产生的经济活动的总称，或者说是提供冰雪运动服务各行业的总和。通过阅读文献和查阅相关资料，将冰雪体育产业的分类进行整理，见表 6-1。

表 6-1　冰雪体育产业分类

核心产业	相关产业	外延产业
冰雪健身娱乐业	冰雪运动用品业	冰雪运动广告业
冰雪运动培训业	冰雪运动服装业	冰雪运动赞助业
冰雪运动竞技表演业	冰雪运动旅游业	冰雪运动保险业、冰雪体育新闻与媒介

二、黑龙江省冰雪体育产业发展现状

（一）冰雪体育产业发展优势

1. 地理位置及环境优势

黑龙江省是我国最北方的省份，寒冷的气候以及丰富的降雪量为黑龙江省冰雪体育产业提供了极好的发展条件，地理特点以及冬季寒冷的气候也给世界各地的冰雪爱好者留下了深

刻印象。

2. 冰雪设施及场地优势

目前，黑龙江省内的滑雪场大约有 100 处，其中对外经营的滑雪场都配备了专业的滑雪服、雪具等设施，个别的滑雪场还建有滑雪学校。这些滑雪场为冰雪爱好者提供了充足的运动场地，不仅满足了冰雪爱好者的运动需求，还促进了黑龙江省冰雪体育产业的发展。

（二）冰雪体育产业发展劣势

1. 缺乏科学统筹

目前，滑雪运动已经成为黑龙江省冰雪体育产业发展的主要运行项目之一，发展空间非常大。但一些开发商为了获取利益而盲目开发，浪费了大量的人力、物力、财力，滑雪场数量明显增加，但大部分都没有配备合格的硬件设施，开发商为了尽快收回成本恶意压低价格，出现了恶意竞争。在安全方面、设备质量方面，很多滑雪场还没有达到高质量的标准，供给和需求存在脱节现象，严重限制了黑龙江省冰雪体育产业的多元化发展。

2. 缺乏专业人才

黑龙江省冰雪体育产业在人力资源供给上存在供应不足的问题，从事冰雪体育产业的工作人员大部分都是退役运动员，他们在技术上没有任何问题，但在理论知识上相对比较滞后。还有些滑雪场甚至雇佣当地会滑雪的非专业人员来指导滑雪爱好者，这些从业者对体育理论知识了解甚少，仅通过一些简单培训就上岗执教，导致滑雪爱好者根本没有学习到专业知识，而且安全也得不到保障。

三、黑龙江省冰雪体育产业优势、劣势、机会和威胁分析

（一）发展型战略（机遇＋优势）

（1）借助国民休闲健身意识的增强，结合黑龙江省的冰雪人文资源优势，加大宣传力度，利用冰雪运动的热潮带动黑龙江冰雪体育旅游业的发展。

（2）利用当前国家对东北老工业区产业发展的大力扶持，从整体格局出发，统筹规划。逐步建立起一个内容齐全、效益明显、竞争力强、充满朝气、多层次的冰雪体育产业格局。

（3）借助北京冬奥会所产生的轰动效应，利用黑龙江现有的场地及设施，广泛开展交流与合作，促进黑龙江冰雪体育产业的快速发展。

（二）扭转型战略（机会＋劣势）

（1）借助发展东北老工业区的机遇，科学统筹规划，努力扭转供需脱节现象。

（2）根据当前黑龙江冰雪体育产业的劣势，利用当前产业机遇，推动冰雪体育产业发展。

（3）加大宣传力度，推动黑龙江冰雪体育产业走向国际。

（4）引进和培养专业冰雪体育人才，使冰雪体育产业发展专业化、科学化。

（三）多元化经营型战略（优势＋威胁）

（1）充分了解国外体育产业的发展规律，利用自身资源，避免重复，努力发展中国特色

冰雪体育产业。

（2）突出历史、人文、地理及自然环境优势，将黑龙江特色饮食、景点、传统习俗与冰雪体育产业结合起来，发展特色项目，增强竞争力。

（四）紧缩型战略（劣势＋威胁）

（1）充分利用黑龙江省冰雪场馆资源，努力创造经济效益。
（2）统筹管理，促进冰雪体育产业协调发展。
（3）吸引国内外冰雪爱好者，努力壮大消费群体。

第二节　新发展格局下黑龙江省冰雪体育产业发展研究

一、新发展格局下黑龙江冰雪体育产业发展的"四新"

（一）新发展格局为冰雪体育产业发展提供新方向

国际经济局势的紧张、贸易壁垒的增加，对我国以前依赖进出口贸易的经济模式有很重的打击。新发展格局将充分运用我国市场和人口的优势，把扩大内需置于首位，将之前依赖进出口贸易的经济体系重新塑造，把经济建设中心转移到国内市场上来，并推动国内产业的转型升级。在以国内大循环为主体的前提下，我国应积极参与国际大循环中，投入国际竞争并谋求合作。冰雪体育产业作为我国经济产业中蓬勃发展的一员，更应遵循新发展格局的原则。冰雪体育产业是冰雪体育强国建设的重要支柱产业，也是健康中国建设的有生力量。2019年提出了冰雪产业蓬勃发展，产业规模明显扩大，结构不断优化，产业链日益完善目标成为冰雪领域的前进动力。新发展格局的适时提出为冰雪体育产业的发展与壮大指明了全新的路径。新发展格局的大背景加速推进冰雪体育产业的高质量发展，要以扩大冰雪体育产业的内需为主，从国内、国际两方面入手。既要依托国内市场的内需潜力扩大产业规模，促进产业结构优化，质量效益不断提升；又要积极参与国际竞争，在发展中吸收借鉴国外发达冰雪产业的成功经验，加快产业高质量发展的进程。

（二）北京冬奥会为冰雪体育产业发展提供新契机

2022年北京冬奥会成功申办，使冰雪运动成为群众参与体育运动的热门选项，进而推动了冰雪产业的蓬勃发展，我国掀起一阵冰雪运动的浪潮。虽然我国南方由于冰雪资源的短缺一直是冰雪运动发展的弱势地区，但科技进步和冬奥会为南方的冰雪产业大众化注入了强大的生命力。

冬奥会的积极作用，体现在国内冰雪装备制造业生产力和竞争力的提高、承办国内外中、大型职业冰雪赛事水准的提升、冰雪运动普及程度和培育力度的加强、带动冰雪旅游消费等多个方面。随着冬奥会的东风，国内对于冰雪运动的信息传播范围愈发广泛，借助新闻、自媒体、明星效应等，使广大群众通过喜闻乐见的方式更多更好地了解了冰雪运动。同时，冰雪运动要与各区域旅游文化融为一体，各级政府部门协同企业不断丰富群众性冰雪活动，提高冰雪体育产业服务供给质量，群众对冰雪运动的需求与市场优质供给的同向增长，推动了冰雪体育产业的良性发展，冰雪体育产业正在朝着追求动态平衡的方向稳步前进。

（三）群众消费意愿提升为冰雪体育产业发展提供新动能

我国近年来冰雪体育产业的发展不仅存在于冰雪场地建设的客观数量层面，更多的是大众在选择体育项目时青睐于冰雪运动。随着"三亿人参与冰雪运动"的号召，"冰雪体育长廊计划""冰雪阳光计划"的开展，"北冰南展，西扩东进"战略的实施。曾经冰雪体育产业面对的难题，即地域、季节、人群、文化等因素的影响逐渐被弱化，冰雪运动不再需要长途旅行，而是成为可以在家门口就能参与的体育项目。

为形成"人人参与冰雪运动"的产业发展局面，各级政府部门联合体育社会组织举办丰富的群众性冰雪赛事及冰雪项目体验活动。除了传统冰雪运动外，国内逐渐将传统民族文化和新兴科技成果与冰雪项目相结合，创新了丰富的冰雪体验项目，冰上陀螺、冰雪龙舟、冰上风筝等民族民俗冰雪项目和雪上飞碟、雪地真人 CS 等新兴冰雪项目都获得了群众的喜爱。这些赛事和活动，符合各年龄群体的喜好，不但提高了群众的冰雪体验乐趣、增加了群众对冰雪运动消费激情，还降低了群众对冰雪运动所存在风险的顾虑，为冰雪体育产业高质量发展扩大内需打下了良好的群众基础。

（四）数字经济崛起为冰雪体育产业发展提供科技基础

近年来，国家开始由数字化发展转向智慧化发展，提出了"智慧＋"模式，全产业链的转型也为冰雪体育产业的高质量发展提供科技基础。"智慧＋"是利用物联网、人工智能、大数据、移动网络平台、云计算技术进行传统业务与数字科技领域的融合，以连通数据信息网络系统、挖掘数据价值、提供便捷信息服务、重塑业务价值等进行传统应用领域的转型。"智慧＋"模式把传统互联网终端的冰雪商品、冰雪企业与体育社会组织、冰雪行业服务人员与初端的冰雪消费者相联结，缩短了消费者与服务者之间的距离。通过互联，商家在网络平台上提供冰雪穿戴设备销售租赁、冰雪运动培训、冰雪资讯、酒店住宿等信息交流，逐步形成订制化服务，以促进冰雪体育消费。在新商业模式引导下，冰雪体育企业通过掌握核心科学技术，利用社会科学发展成果，提升冰雪体育产品与服务的高科技化和智能化水平，为我国冰雪体育产业高质量发展提供了科技基础。

二、新发展格局下黑龙江省冰雪产业发展的现实困境

（一）缺乏合理规划，供求关系失衡

在黑龙江省冰雪体育产业发展过程中，虽然黑龙江省为了更好地推进冰雪运动的发展，建设了大量的冰雪运动场馆设施，但是一些企业在开发建设冰雪体育场馆设施的过程中，过于注重经济效益，忽略了规划与建设的合理性，浪费了很多资源，由于冰雪运动场馆的建设需要耗费大量的资金，一些企业为了能够迅速回笼资金，通常只是注重建设的速度，而忽视了建设质量，其在安全标准不达标、运营条件不符合要求的情况下就开始运营，这就导致其所建设的冰雪体育场馆普遍存在标准低、后期维护与应急救护工作不完善等问题，大大影响了冰雪体育场馆的运营效率，难以为冰雪体育项目的顺利与安全开展提供足够的保障。不仅如此，大量冰雪体育场馆的迅速建设导致供需关系失衡，特别是一些中小型的冰雪体育场馆经营者，如果上一个场馆经营状况不佳，通常会重新开发建设更多的冰雪体育场馆，这就进一步导致更多的冰雪体育场馆被闲置，大大浪费了财力、物力等资源，同时还对生态环境造

成了一定的破坏，在开发冰雪体育场馆的过程中，存在一定的盲目侵占绿地、砍伐自然植被、垃圾处理措施不合理等现象，这些都对黑龙江省冰雪体育产业的可持续发展造成了影响。这就需要相关部门予以重视，针对冰雪体育场馆的开发建设制定相应的政策，为黑龙江省冰雪体育产业的发展提供具体、科学、合理的指导。

(二) 产业结构不协调，市场化水平低

随着我国社会经济市场化发展，黑龙江省冰雪体育产业取得了非常明显的成就，但是也存在管理机制不够完善的问题，难以很好地满足市场经济的发展需求，从而导致黑龙江省冰雪体育产业内部出现结构不协调、发展不均衡的现象，具体表现在以下两个方面：

一方面，与其他产业相比，黑龙江省冰雪体育产业职业化发展速度比较缓慢，虽然其中的冰雪旅游业、滑雪业等的发展状况比较良好，但是由于缺乏市场化主体，其冰雪休闲健身业、冰雪体育旅游项目的开发以及冰雪竞赛表演业等产业的发展仍然存在诸多方面的不足，难以形成完整的体系。

另一方面，黑龙江省缺乏能够为冰雪体育产业的发展提供职业化服务的高质量冰雪体育经纪业，难以充分发挥出冰雪体育产业的优势，导致黑龙江省冰雪体育产业的发展缺乏足够的活力与市场竞争力，大大阻碍了黑龙江省冰雪体育产业的健康可持续发展。例如，黑龙江省冰雪运动服装、用具以及辅助设备的生产企业普遍缺乏核心技术，其产品的生产处于模仿阶段，缺乏市场竞争力。

(三) 冰雪装备设施依赖进口，缺乏国内自主品牌

由国内生产的滑雪服、滑雪手套和滑雪眼镜这几类科技含量和利润都较低的产品市场份额占比较高，并且多为国外品牌商进行贴牌制造，而滑雪板、滑雪鞋、冰雪场地机器设备等技术含量及利润高的高端市场商品，其核心科技和国际市场几乎被外国品牌垄断。冰场雪场在建设中，为了能提供更好的服务体验，经营者会购入大量国外优质的冰雪穿戴用具和装备设施，冬奥冰雪场馆建设中的设备大都是从国外进口。消费者追求的高质量冰雪享受也促使着他们选择购买更具影响力和有品质保障的进口穿戴设备。这一现状，与我国现代化进程中对于冰雪科技研发的起步较晚有直接的关系。我国冰雪体育产品在生产链中很多都只参与制造，冰雪企业缺乏核心竞争力，对产品创新的技术研发投入不够，科技成果转化效率低。但也要看到，我国的冰雪体育产品的消费市场前景一片大好，是全球增速最快、体量最大的冰雪体育产业市场。在这一利好条件下，我国冰雪体育产业只有继续加大科研力度、努力提高核心竞争力并加强与国际优质冰雪产业的交流合作，才能跟上市场对冰雪体育产品日益增长的需求。

(四) 冰雪专业型管理人才匮乏，行业质量难以提升

冰雪产业因巨大的经营成本以及对高端设备的管理需求，需要大量人力作保障。冰雪行业不但需要对先进高端装备设施实施管理、操作和维修方面的专门技术人员，更需要在市场研究和运营管理方面的综合型人员。在黑龙江冰雪体育产业发展过程中，人才资源的培养情况在很大程度上影响着相关服务的质量。与英国、瑞士、芬兰、加拿大等这些冰雪体育强国相比，由于气候条件、地理环境、思想观念等因素的影响，我国冰雪运动发展时间相对较短，再加上国内一些地区在冰雪运动发展方面投入的人力、物力等资源不充足，从而导致我

国冰雪体育产业的发展还不是十分成熟，即便是拥有丰富冰雪资源的黑龙江省，也同样如此，在发展冰雪体育产业的过程中，缺乏足够的人才资源，对人才的开发、培养、利用等方面还存在明显不足。具体而言，由于黑龙江省经济的发展相对滞后，多年以来，黑龙江省的多个领域中存在着非常明显的人才流失现象，包括体育及其相关领域中也存在人才流失的现象，导致黑龙江省在目前仍然缺少高水平的冰雪运动人才、教练员、冰雪运动员以及冰雪运动后备人才，尤其是冰雪运动专业人才更是匮乏，如制冰师、压雪师、索道检修技师、"U"型槽修槽技师、经营管理人员以及冰雪装备研发制造的科研人才等。就压雪师而言，基本上其驾龄还比较短，很少超过 2000 个小时。除此之外，黑龙江省还缺乏熟练掌握冰雪运动知识与专业技能、冰雪体育产业经营管理能力等多方面知识与能力的综合型人才，这不仅限制了黑龙江省冰雪经济的大发展，同时也制约了黑龙江省冰雪体育产业的可持续发展。冰雪行业内人才的短缺，导致冰雪体育产业服务质量无法提升，大众冰雪的参与好感度不足，难以维持有效的冰雪人口，成为整个冰雪产业发展的一个瓶颈。

（五）冰雪文化培育的力度不足，群众普及程度较低

举办冰雪体育赛事是普及冰雪运动、推广冰雪文化的重要环节。我国现阶段除了刚结束的北京冬奥会以外，还没有承办过其他大型冰雪运动国际赛事，总体上赛事活跃度和占冰雪体育产业市场份额不高。同时，国内冰雪赛事版权与赞助过少，大规模、国际性冰雪竞技赛事数量不够会导致资金投入与回报的经济效益不对等，更难以提高冰雪赛事的影响力。冰雪运动还有季节性、区域性、穿戴装备价格高的限制，不能像其他体育运动一样可以随时参与。同时，中国当前的群众性冰雪运动仍存在着起步晚，基础较薄，冰雪体育意识与技术储备普遍欠缺，政府投入经费普遍较高等原因，严重制约着中国冰雪体育产业的发展，冰雪运动本身的功能开发不足，内容形式呈现单一性，自身文化价值没有得到很好的体现，致使冰雪运动的普及缺乏内生动力。

三、新发展格局下黑龙江省冰雪体育产业发展的具体对策

（一）注重政府职能，加强统筹规划

针对黑龙江冰雪体育产业发展过程中所存在的规划不合理、供需关系失衡的问题，相关政府部门应该充分发挥自身的职能作用，进行合理规划与科学统筹，具体而言可以从以下几个方面着手：

首先，政府相关部门应该对黑龙江省的冰雪体育产业整体发展状况进行全面了解，如对冰雪场馆的数量、分布情况、配套设施、服务水平、经营状况等进行调查，以便于对冰雪体育产业的发展进行统筹规划。

其次，在充分了解黑龙江冰雪体育产业整体发展状况的基础上，制定科学合理的发展规划，并对冰雪体育产业中各个项目的发展情况进行了解，对于发展状况良好、经济效益与社会效益高的项目进行重点培养，同时也要兼顾一些弱势项目的发展，尽可能地提升黑龙江冰雪体育产业的经济效益。

再次，政府部门应该加大对冰雪体育产业的监督与管理力度，并加大对中小型冰雪场馆的扶持力度，为其经营提供资金支持与经营管理指导，以避免过度开发、盲目建设、重复建设、资源浪费等现象的发生。

最后，对于各经营主体而言，在发展冰雪体育产业的过程中，应该坚持可持续发展理念，从长远发展的角度出发，既要注重自身服务质量的提升，又要注重生态环境的保护，最终实现冰雪体育产业的可持续发展。

（二）积极培育冰雪体育市场主体，因地制宜完善产业链

冰雪体育产业拉动效应大、辐射范围广，涵盖了从冰雪旅游、服装设备、比赛表演到交通餐饮等全产业链的各个环节。优化黑龙江省经济发展环境，对冰雪产业整体实行统一发展和多元化投资，建立健全冰雪体育产业链，推动冰雪体育产业向规模化、市场化、专业化转变，是现阶段黑龙江省冰雪体育产业最要紧的任务。

从总体上看，黑龙江省的冰雪体育行业要做到明晰市场定位，政府要以冰雪旅游为核心、冰雪装备制造业为突破口，促进相关行业的协调发展，做好市场整合、培育与管理，完善冰雪综合体的相关基础设施，让冰雪消费人群和消费结构更加多样化，以适应市场差异化的消费要求。冰雪企业要由过去单一的业务运营模式向多元休闲模式转变，扩大服务范围，与相关联企业谋求合作，在原有基础上积极进行自我改革和创新以适应市场的需求。

（三）以数字化和智慧化为重点，扶持体育企业打造本土品牌

冰雪体育产业要达到高质量发展的水平，必须通过科学技术水平的提升来完成，即产业做到低投资获得高回报、低消耗获得高生产率，这需要强大的人力物力和资本要素的共同助力。技术创新是推力，推动黑龙江省冰雪体育产业创新升级需要坚持投入科技研发资金，在现有基础上推陈出新，挖掘创新商业模式。以互联网技术为例，在特殊时期，户外性、聚集性的体育活动和赛事暂停，对国内的体育产业造成了很大的负面影响。为了促进全民运动健身，居家隔离时期网络平台逐步推广了线上体育健身活动。从另一个角度来看，大环境的改变迫使体育产业加快了科技化的脚步。鉴于此，从科技出发，冰雪体育行业在新产品开发中应强调品牌、服务、管理、机制、战略等多方位的协同创新，对传统技术手段也要考虑是否转型。要把技术创新真正渗透到冰雪体育应用当中，一要由"要素驱动"转向"创新驱动"，强调通过技术革新与需求的激发，以持续改善冰雪供应体系品质。二要围绕"创新驱动发展战略"，增强本土冰雪装备制造商在国内国际市场上的竞争优势；在冰雪装备的制造关键技术问题上，短期内可能会采用引进外国技术的方法，但长远来说一定要注重自主开发，打造本土品牌，按照产业类别来看：

首先，冰雪服装类生产可与南方企业联合。近年来，南方省份企业在冰雪服饰的设计制造与营销等方面都有着很大的综合竞争力，主要在于纺织工业与服饰加工业的经济基础比较稳固，所以冰雪服饰的产品设计与制造都具有比较优越的技术条件。

其次，在冰雪装备制造方面，由于目前国内如河北、山东等地区的产品资源优势较为突出，冰雪装备制造厂商数量较多，可考虑以收购、兼并或联合生产的方式掌握有关核心技术，同时借助黑龙江省的装备工业资源优势发展冰雪装备制造业。

再次，积极发展冰雪体育高新技术，推进冰雪体育装备的科技创新，树立黑龙江省自主的冰雪品牌，提高冰雪体育产业产品的科技含量。品牌的影响力众所周知，在目前缺乏冰雪体育装备自主品牌的状况下，可以学习借鉴国外先进技术，把我国传统工匠精神运用到高精尖的冰雪科技上，在各大冰雪体育分支产业中依靠先进技术保质、保量发展。在累积了一定的设计经验的基础上，逐步建立自己的品牌。

最后，基于大数据分析和云计算技术，人们还能够运用规模庞大的数据资料来创造新的经济社会方式、消费行为与生活模式。对于冰雪体育产业来说，最直观的影响便是对市场情况进行预测，并对进一步的投资走向有较好掌控，从而使得冰雪场馆经营拥有更充裕的利润空间。大数据分析还能及时地向冰雪企业反映顾客的需求，有针对性地对企业核心消费群体进行定位。换个方向看，在大数据分析平台上整合冰雪体育资源，从而促使广大冰雪人群可以在线上按照自身的需求找到相应的冰场雪场。同时在场馆间还能够进行差异化竞争，在市场定位上实现了客户分流，也能够实现冰雪场馆行业的长远发展。通过收集数据的即时变更，冰雪企业也可以及时发现市场的变化趋势，实现"快速反应、快速迭代、快速进化"的运营目标，从而防止市场定位与规划有误，造成资源浪费。充分利用大数据，能够清晰地把握冰雪运动产业发展的条件基础，准确地了解冰雪运动大数据和冰雪运动产业的交叉关系，高效地整合冰雪体育产业内部资源，对寻求大数据分析促进冰雪体育行业的新途径有助力作用，还能促进黑龙江省传统冰雪体育产业的转型升级，增强冰雪体育产业的软实力。

（四）推动冰雪专业进驻高校，系统化理论化培养专业人才

第一，通过跨界跨项选材畅通的冰雪运动项目人才和其他体育项目后备人才的培养途径。从国家层面组织开展多渠道、信息可流通的人员招聘，进一步完善教练员、裁判员等人才队伍建设，建立健全甄选、培训和认可体制。政府还可以成立全国校园冰雪体育领导工作的联合督导组织，引导政府各部门从顶层设计中整合更多资源，制定统一的宏观调控政策措施，并确定校园冰雪体育发展的具体途径。各地方政府要因地制宜地找到适合自己的实施方法，优化政策实施机制，以清晰的责任界定和有效的监督机制确保政策的有效实施和目标的完成。

第二，发挥高等院校在人才培养中的地位和功能，积极构建"冰雪运动学校＋冬季奥林匹克教育示范学校＋高校高水平运动队＋冰雪运动试点"统筹发展的新布局。按照国家"引进来、走出去"的政策，加强与世界冰雪体育强国的沟通交流。根据目前高校普遍缺少体育专门技术人员的实际状况，可以在体育专业院校对在职的体育教师进行专业培训，建立冰雪教师资格认证制度，或者让教师去冰雪体育技术先进的国家或地区学习深造，进一步提升高校教师的教学水平。同时提倡在各大综合性高校开设冰雪体育学科，和体育类院校合作共同培训冰雪运动专业人才，提高高校冰雪专业技术人员的人才储备。拥有完整可行的冰雪体育课程体系，是高校冰雪体育活动顺利进行的重要保证。高校可以与相关部门通力合作，积极建设符合我国当前国情的高校冰雪体育培训体系。除此之外，高校还可以通过创办社团、举办冰雪体育嘉年华以及冬令营等形式丰富的冰雪体验活动使学生加入冰雪体育运动中。课外活动是学生课内活动的补充，多元化的冰雪体育课外活动可以引发学生对冰雪运动的浓厚兴趣，进而达到培养学生冰雪运动习惯的目的。

第三，借助国家和财政支持，积极引进社会资本的投入，提高社会资本投入比例以加强冰场雪场设施的建立和保障，增强培训和竞赛经费保障力量。对优秀运动员、优秀教练员进行表彰，对公益性、大众性冰雪体育设施修建等予以财政补贴。例如，通过政策引导社会各界力量和经费帮助偏远地区利用冰雪自然资源建立滑雪场，使偏远山区的青少年、滑雪爱好者感受冰雪运动的魅力。

（五）培育特色冰雪文化，激发群众对冰雪运动的热情

冰雪体育文化是冰雪体育发展路程中至关重要的一环，要深挖冰雪运动的文化内涵，以

冰雪体育文化为导向，提供体验冰雪自然文化与地方特色人文交融的冰雪体育产品。具有民族特色的冰雪体育文化是冰雪体育产业发展的重要动力之一，黑龙江省多民族多特色的传统文化为冰雪体育文化提供了活力的源泉。将带有明显地域特色的传统文化融入冰雪体育产业中去，对创造国土化冰雪体育品牌有巨大的推进作用。在传统文化和当代价值之间搭建桥梁和纽带，举办冰上龙舟、雪地拔河、雪上风筝等特色冰雪活动，以适应群众对冬季运动健身的多样化需求。冰雪体育服务是冰雪体育文化的重要组成部分，也是冰雪体育产业内最具价值性的产品。把握好冰雪体育文化和冰雪体育服务文化的核心功效和聚合作用，打造多样性、差异性的冰雪体育文化产品和公共服务，运用冰雪体育文化和其他产业的关系加速冰雪体育产业融合发展。

冰雪体育文化的推进可以激发群众对冰雪体育活动的热情。日常中的生活习性与冰雪体育运动相融合塑造了新的形态，满足了人们对新鲜事物的好奇心和参与热情，潜移默化地引导群众自发地加入冰雪体育中来。具体地说，除了发展黑龙江省特色冰雪文化，还需要提高群众冰雪体育运动的健身意识，利用新媒体平台、自媒体，大力宣传冰雪体育运动。

（六）创建管理制度，建立突发公共事件应急机制

冰雪运动渗透社会需要强大的基础条件，这是促进冰雪体育产业持续发展的关键保证。建立健全省内冰雪比赛平台，进一步完善冰雪赛事系统；鼓励多样化的比赛机制，畅通社会主体参加比赛的途径。搭建高质量的人才培训平台，通过分层次开展对冰雪体育管理人才、教练员、培训人员的技术培训、经验交流会等，进一步提高黑龙江省冰雪人才的综合业务素质。冰雪体育运动实际上是一项高风险的运动，为保障参与者的安全，必须建立健全群众冰雪体育运动保障机制体系。当前我国滑雪产业每年的意外伤害事故约有 20％是由场地、气候、设备等因素导致的，80％是由滑雪者自身因素及滑雪场引导不够等因素引起的。冰雪体育经营者必须做好对服务设施、安全保障和抢救伤员的充足准备，减少发生事故的人为原因，最直接的措施就是每个冰场雪场都设立医务抢救室，按比例配备专业医疗人员，制定完善的安全保障条例。

第三节 "互联网＋"时代下黑龙江冰雪体育产业发展研究

一、相关概念界定

（一）"互联网＋"的定义

1994 年 4 月 20 日，中国与互联网全功能连接，正式成为国际互联网成员国。随着信息时代的不断发展，互联网颠覆了许多传统行业，新兴商业模式"互联网＋"应运而生。"互联网＋"是指充分发挥互联网在社会资源配置中的优化和集成作用，将互联网的创新成果深度融入经济、社会各领域之中，提升全社会的创新力和生产力，形成更广泛的以互联网为基础设施和实现工具的经济发展新形态。如今，互联网贯穿人们生活的各个方面，正不断改变着人们的消费方式、生活方式和学习方式。近年来出现的"互联网＋体育"营销模式也在逐步被人们所接受。

（二）"互联网＋"冰雪体育产业的含义

"互联网＋"冰雪体育产业从"互联网＋"体育产业派生而来。"互联网＋"体育产业包

括体育市场、用户、产品及整个商业生态，是运用云计算、大数据、"互联网＋"等现代化科技手段，结合互联网的立体思维方式，对现代通信技术和互联网思维模式进行整合后创造出的体育产业领域的新生态。而"互联网＋"冰雪体育产业并不是对互联网和冰雪体育产业的简单叠加，而是在对冰雪运动和冰雪体育产业进行深度整合的基础上，通过与互联网的深度融合把冰雪运动和冰雪体育产业做大做强。

二、"互联网＋"冰雪体育产业的发展优势

（一）政策优势

借助北京举办 2022 年冬奥会的契机，全国"一盘棋"共同推动冰雪运动和冰雪产业的发展。发展方向包括：大力开发群众性冰雪健身休闲项目，加强全国冰雪运动场馆建设，加快专业指导人才的培养，鼓励各地积极打造群众性冰雪品牌活动，搞好冰雪运动进校园活动，鼓励企业和个人投资冰雪产业，积极推动"北冰南展"计划。国家体育总局在计划中重点提到冰雪体育产业与互联网相结合的发展方针，强调冰雪运动和冰雪产业的开发更多借助互联网云平台，利用大数据、云计算、主题 App 来拓展线上用户，以进一步提高冰雪运动和冰雪产业营销策略的有效性和针对性，把在线体育平台做大做强，有效整合各方体育优势资源，形成新的优势体育产业。冰雪体育产业在国家政策的指引下，迎来了历史上最好的发展期。

（二）资金优势

随着"北冰南展"的推进，涉及冰雪运动和产业的人口出现了"井喷式"增长，黑龙江冰雪体育与冰雪产业迎来了快速发展的大好时机。原本在体育产业界不太受关注的冰雪产业在种种利好的带动下迅速升温，越来越多的大公司投入更多资金，增加对冰雪产业的投入。大型互联网企业开始关注并投资体育产业，国内 500 强企业纷纷以互联网作为产业运营的平台涉猎体育范畴。

（三）冬奥优势

2022 年北京冬奥会为我国冰雪运动和冰雪产业的发展带来了契机，使冰雪运动告别了"难进山海关"的状态。冬季奥林匹克运动会不仅能提升举办国国际声望，强化民族认同感，促进相关产业发展，还会使人们的生活方式和运动习惯发生改变，乃至加深人们对冰雪运动和冰雪产业的了解和参与程度。现代冬奥会与互联网的高度融合不仅为举办国提供一个向世界展示自己国家冰雪体育文化的平台，还会留下一个冰雪体育产业的营销平台，该平台涉及赛事筹划与宣传、场馆修建与管理、赛事冠名赞助、经营团队的管理与运营等多个方面。"互联网＋冬奥会＋冰雪体育产业"平台在相当长的一段时间内将成为举办国冰雪体育营销的有效增长点，能够促进冰雪运动和冰雪产业的快速发展。因此，北京冬奥会的成功举办促进了我国冰雪体育人口的增长，从而进一步带动"互联网＋"时代下冰雪体育的快速发展。

（四）科技优势

近年来，供给侧结构性改革成为引领各行各业改革发展的高频词。科技创新是加强供给侧结构性改革的重要一环。现在，我国参与冰雪运动的人数正在逐渐增多，冰雪运动的水平也在不断提高，人们对冰雪运动的服装和运动装备的要求也相应在提升。通过科技创新，能

够提高我国冰雪运动装备的核心竞争力，满足人民群众的需求，作为第三产业的冰雪体育产业更应该借此契机加快发展。互联网与体育产业的结合越来越紧密，冰雪产业也应该借助5G时代的互联网"科技红利"不断发展壮大。

三、"互联网＋"冰雪体育产业的发展策略

（一）创建冰雪体育产业网络平台

黑龙江省作为冰雪资源大省和冰雪体育强省，应借助北京2022冬奥会的成功举办，抢抓"后冬奥"时代机遇，做大做强做优冰雪体育产业。政府部门和从事冰雪体育产业的企业可以利用冰雪体育产业网络平台进行推广和宣传，这种方式能够最大限度地提高冰雪运动的影响力，打造冰雪体育产业网络化营销和发展模式。冰雪体育产业应该加速与现代化高科技领域的融合，借助专业网站搭建助力冰雪体育产业发展的网络平台，为消费者提供冰雪运动的购票、培训和设施等服务。同时加快冰雪体育知识的普及，提高人们对冰雪运动的认识，加强线上线下的沟通与联系，融合全国冰雪资源与布局，打造具有中国特色的现代化互联网冰雪产业平台。

（二）开发冰雪运动 App

乐视体育公司与黑龙江省体育局达成合作意向，利用"互联网＋"模式打造冰雪产业发展平台，以亚布力滑雪场为试点推出一款手机 App，虽然其功能较为单一，使用这款软件的人也不多，影响力也有限，但它却是一个新的尝试，因为它开创了我国"互联网＋"冰雪运动 App 营销模式的先河。冰雪运动 App 是利用线上到线下营销模式，线上提供冰雪运动的门票预订、场馆信息查询、培训师资情况查询、运动项目教学微视频、冰雪运动装备电商链接等综合性服务，同时为俱乐部会员提供运动数据记录、消费记录、冰雪地图导航等服务。冰雪运动 App 可以把线下冰雪运动场馆优势与互联网完美融合，最大限度地拉近消费者与冰雪营销企业的距离，把宣传作用和使用效果推向极致，成为普及冰雪运动的好助手。政府部门和冰雪营销企业可以把手机 App 作为切入点，开创冰雪运动 App 营销模式的新局面，进一步增加冰雪运动的参与人数，加快冰雪运动的发展和产业进步，推动我国冰雪运动迈上新台阶。

（三）推进冰雪运动网络交流

冰雪体育运动和冰雪产业的发展速度缓慢，除了受气候和地理环境因素的影响外，网络普及率低、知名度差、吸引力不强也是主要原因。要提高冰雪运动的普及率和知名度，吸引更多的年轻人参与进来，可以依托互联网通信技术构建更多的冰雪运动网络交流社区，吸引更多的访问者在互联网社区以冰雪运动为主题进行交流，黑龙江省冰雪产业运营商可以在各大论坛、贴吧、微博、微信公众号中大力宣传冰雪运动，提供各种消费咨询、项目教学、旅游资讯等服务。

（四）加强政府引导与支持

"互联网＋"冰雪产业的发展不仅需要企业和个人的努力，更离不开政府部门的大力引导与支持。政府部门可以出台相关政策，鼓励企业及个人向冰雪产业注入资金，引导互联网企业与冰雪产业投资人进行合作，不断深化冰雪产业的战略布局。同时，政府部门要加强

"互联网＋冰雪产业"应用型人才的培养，完善用人机制，为冰雪产业的发展提供人才保障。政府还可以引导企业和个人出资举办冰雪装备展、冰雪节、冰雪赛事等活动，加快冰雪运动的普及，推动冰雪运动和冰雪产业早日实现网络化和现代化。

第四节 冬奥会背景下黑龙江省冰雪体育产业可持续发展研究

当前，"可持续发展"的思想观念已完全融入奥林匹克运动中，无论是奥运会，还是世界杯都缺少不了以体育精神、文化交流等为手段来促进全球共同进步、和谐发展。国际奥委会主席巴赫曾指出：冬季奥林匹克运动会是推动当今社会可持续发展的催化剂，不论是冬奥会本身还是承办城市都将能顺利实现自我可持续的蓬勃发展。

奥林匹克精神的思想理念是为全世界各族人民构建和谐、文明、友好的桥梁，在赛场上运动健儿发挥出各自高超的运动水平、展现出个人魅力只为一个共同目标——将奥林匹克精神发扬光大并促进社会和谐发展。2022 年北京冬奥会为中国社会带来了巨大的前进动力，其独特的奥林匹克精神火花将提升中国人民的生活质量和幸福指数，促进中国体育文化产业、旅游业等产业的飞速发展。2022 年北京冬奥会使中国在 2008 年奥运会后又一次成为全球关注的焦点，在世界各国的映衬下，与冰雪共同熠熠生辉，冬奥会的成功举办使我国的冰雪体育产业走上了可持续发展道路。

一、冬奥会给黑龙江省冰雪体育产业可持续发展带来新的发展机遇

近年来，我国运动员在冰雪运动赛场上的表现可谓突飞猛进，其中很多运动员都来自我国东北地区，尤其是短道速滑、冰球等项目的多数运动员都是在黑龙江省成长起来的。近年来，黑龙江省也先后举办过冬运会、大冬会、高山滑雪等一系列国际和国内的赛事，这些赛事的成功举办表明黑龙江省政府在冰雪运动方面提供了强有力的政策支持，吸引了全国乃至全世界的冰雪运动爱好者聚集于此，为黑龙江省冰雪体育产业的可持续发展带来了无限生机（图 6-1）。

图 6-1 冬奥会给黑龙江省冰雪体育产业可持续发展带来新的发展机遇

（一）政策支持

无论是冬奥会的申办还是各地冰雪运动的普及都离不开国家的政策支持，黑龙江省作为我国最北端的省份有着天然的发展冰雪体育产业的气候优势，冰雪运动的开展在黑龙江省既有优良传统又有广阔的前景和空间。如今黑龙江省哈尔滨市已将冰雪项目纳入了中学联考，校园中的冰雪运动正在如火如荼地开展。以齐齐哈尔市为例，各中小学都有自己浇筑的冰雪场地，全国首个自主研发的"可移动"冰场也开始使用。随着国家中考政策的改变和全民健身政策的出台，黑龙江省冰雪体育运动的发展必将达到一个新的高度。

（二）市场支持

近年来，黑龙江省开展了很多冰雪活动，如冰雪大世界、漠河雪乡、冰雪嘉年华、冰雪冬令营等，哈尔滨市还建造了全国规模较大的室内滑雪场。伴随着社会的进步和人民生活水平的提高，黑龙江人民一年四季都能参与健身，在不同的季节参与不同的运动项目，其中冰雪运动更是成为黑龙江人民在冬季闲暇的第一选择，最典型的例子就是冬奥盛会虽然落幕，但黑龙江人民对冰雪运动和冰雪产业的关注度不减反增，冰雪运动人口激增，冰雪项目更加丰富，居民冰雪运动参与程度和专业程度不断提升，随之而来的是产业投资额度再创历史新高。

总而言之，黑龙江省充分利用和发挥了自己的实力与优势，大力推进了冰雪体育运动的发展，为中国冰雪体育运动的可持续发展作出了极大的贡献。

（三）技术支持

北京冬奥会的举办提升了黑龙江省的网络技术和冰雪装备及设备制造技术水平，在当今"大数据"的时代下，黑龙江省冰雪产业的走势将大幅向好，黑龙江省的冰雪运动场馆、冰雪运动服务、冰雪设备制造等产业也走向更专业的道路。例如，黑龙江省的冰雪体育产业具备了专业的冰雪运动装备、专业的滑雪教练员、专业的人造雪车、索道、器材等，提升了冰雪运动的安全性和专业性，同时也提高了群众在冰雪运动上的消费水平。运用地域优势，培养更多热爱冰雪运动的青少年，输出更多优秀的专业冰雪运动员，从而促进黑龙江省乃至全国的冰雪体育产业更快、更强地发展。

二、制约黑龙江省冰雪体育产业可持续发展的因素

（一）冰雪场馆供给忽略生态考量

推动冰雪体育可持续发展不可缺少的条件就是冰雪运动的场馆。目前，黑龙江省所拥有的雪场数量超过 160 个，而自行浇灌的冰场和与自然生态形成的冰场则更多。北京冬奥会的成功举办和冰雪旅游的热潮使黑龙江省在场馆建造上过于要求数量而忽略了质量。为了吸引游客而重复建设场馆，对环境的保护和可持续发展造成了影响，在各地保护区、旅游区盲目开发破坏了生态平衡，导致了自然灾害的发生。黑龙江省虽然冬季漫长，但是存在冬季过后维护场地成本过高等问题，加之在淡季缺乏管理，又加剧了泥石流、沙尘暴等地质环境因素所造成的自然灾害，一系列问题将成为阻碍黑龙江省冰雪运动可持续发展的绊脚石。

（二）缺少冰雪体育人才和文化意识

黑龙江省冰雪文化的发展可以说相对较早，广义上而言，冰雪文化是在现行的状况下参与各式各样冰雪文化的形式，如许多冰雪体育项目、民俗文化等；狭义上来说，冰雪文化是借助冰雪来取得人们精神上的丰富和满足的文化，如滑雪、滑冰、冰灯冰雕等，为人们在精神上带来了新鲜的感受和刺激。2022 年北京冬奥会的成功举办带动了冰雪体育文化的风潮，但是相对于其他项目，如篮球、乒乓球、跆拳道、田径、游泳等一些热门项目，冰雪运动也只是一项小众或冷门项目，并且受新时代发展的影响，黑龙江省无论是在经济上还是在思想观念上都较为保守，这就造成人们无法站在一定的高度上去了解、去投入到冰雪体育文化

中。以黑龙江省中小学体育特长生为例，高中体育特长生较多，且以田径项目为主，而中小学校都有自己的项目特长并配有相应场馆，如排球、篮球、足球、游泳等，这就造成人们在选择运动项目上趋于雷同。加上冰雪运动难度系数和危险指数较高，运动装备投入资金较大，能培养的人才屈指可数，这也加剧了冰雪体育教学人才的流失。在高校中，无论是教学大纲的不合理还是师资力量的匮乏都在抑制着黑龙江省冰雪体育文化的可持续发展。

三、黑龙江省冰雪体育产业可持续发展途径

（一）强化冰雪体育场馆的长效利用

现阶段，黑龙江省冰雪场馆的规模和数量并没有满足市场的需求，急需提升市场的消费潜力，提高场馆的有效利用率。例如，一些校园内的冰场应向社会免费开放，滑雪场应多注重服务、设备、数字化的升级，并加强雪道的安全性，尽量满足消费者的需求，而不是盲目地选择建造新的场馆。一些室内冰雪场馆，可定期在场馆内举办一些面向社会的冰雪比赛、趣味项目等，提升群众对冰雪文化的认知，推动黑龙江冰雪文化持续且稳步发展。

（二）宣传与提升冰雪体育文化的新高度

冬奥会向全世界传达出友好往来、热诚、信任、信念、和平、宽容、协作等多元化的复合文化理念，坚持这些理念是发展冰雪体育文化的前提条件和坚实基础。黑龙江省以冰雕、冰灯、雪雕等艺术形式进一步带动了冰雪体育文化的发展，有助于妥善解决冰雪体育运动、冰雪体育文化产业、冰雪体育竞技优秀人才缺失的难题，为组建和培养运动队伍、教练团队、科研团队及相关管理人员提供了坚实的基础，并为我国冰雪体育文化、"三亿人参与冰雪体育运动"起到了现实的促进作用。因此，宣传和提升冰雪体育文化可以为黑龙江省乃至全国冰雪运动的发展奠定坚实基础。

1. 文化宣传的核心内容与主要对象

冰雪体育项目偏好的形成，起重要作用的是冰雪体育文化。同时，冰雪体育文化只有被个体接受，成为一种"偏爱"，参与冰雪体育项目才能成为个体的自觉，逐渐形成偏好，并最终形成市场需求。由此提出"文化—偏好—需求"的冰雪体育产业需求增长路径。由于各冰雪体育项目的起源、发展趋势、客户群体差别较大，根据冰雪体育产业需求增长路径的内在要求，各单项冰雪体育项目文化的宣传应强调"精准化"。目前，冰雪体育的广泛宣传已经展开，但如何凝练、形成能够体现各个冰雪体育项目特征的文化，进而不断丰富冰雪体育文化的内涵，使冰雪体育文化与各单项冰雪体育文化相互支撑，更应成为目前冰雪体育产业文化宣传的核心内容。从黑龙江省乃至全国冰雪体育市场细分的情况来看，初级市场依旧是主体，而少年儿童（包括学龄前儿童）正是初级市场终端客户群的主力军，且该年龄段的少年儿童正处在冰雪体育项目偏好形成的关键期。因此，这支主力军应成为冰雪体育文化影响的主要对象和受众。

2. 冰雪体育文化宣传与提升途径

提升冰雪体育文化宣传效果，需要有详尽的冰雪体育文化宣传与提升策略，确定近、远期目标，确定实施宣传的主体、客体、方式、方法等一整套方案，且不同单项冰雪体育文化的分项宣传策略要有一致的愿景、一致的价值观。制定、实施冰雪体育文化总体宣传策略与

各单项冰雪体育文化的分项宣传策略共同构成了当前冰雪体育文化宣传的重点工作。冰雪体育文化宣传除了依托传统媒体如电视、报刊等外，数字技术、移动客户端、5G通信等新兴技术也应成为冰雪体育文化宣传的重要依托。此外，基于上述硬件技术的软件载体，各种App（如抖音、快手等短视频）也应成为冰雪体育文化宣传的重要工具。由此，基于不同受众特征的宣传途径不断扩展，冰雪体育运动文化的宣传效果也得以增强。

（三）打造出专业的冰雪人才培养基地

黑龙江省冰雪运动人才短缺的现状毋庸置疑，2022年北京冬奥会的成功举办预示着我国冰雪运动将迎来新时代的变革。在新时代背景和环境下，黑龙江省冰雪体育产业、冰雪运动文化以及人民群众的社会价值观和对冰雪体育文化的认同度等都会发生巨大的转变。近年来，国家颁布了大力开展冰雪运动、提高冰雪体育产业等相关政策，学校与社会、企业等进行校企合作，吸引了大量资金来培养冰雪运动人才、聘请优秀的教练团队，创建了专业团队与业余群体相结合的社会团体。在不断培养中实现冰雪文化及冰雪体育产业的"引进来，走出去"，黑龙江省冰雪运动人才与国外冰雪运动强国相互交流、学习、对抗，引进优秀的人才加入黑龙江省冰雪团队中，从而促进黑龙江省冰雪队伍更快地提升。

（四）创建冰雪体育运动管理及服务体系

黑龙江省无论是在过去还是未来，还将继续举办省级、国家级等一系列冰雪赛事。黑龙江省在未来的服务管理体系中，应建立起规范的市场服务理念，消除体育市场服务和管理的盲区，打造出别具特色的管理体制、运营机制等，并把握好各大中小企业之间的良性竞争和优质服务，使管理更清晰、更透明，为黑龙江省冰雪体育产业可持续发展、服务体系向前推动保驾护航。

总而言之，北京冬奥会的成功举办，激发并提升了黑龙江省人民对冰雪运动的热爱与支持。在"全民健身"和"三亿人参与冰雪运动"的战略背景下，黑龙江省实现全民参与、全民健康以及创建冰雪体育服务体系是一项庞大、持久的工程，需要黑龙江省社会各界的共同参与协调合作，鼓励社会体育、学校体育、大众体育积极组织、参与运动，为黑龙江省冰雪运动乃至健康中国的建设尽一份力。政府要充分发挥主导作用，改善制度、环境，坚持简政放权，降低准入门槛，创新监管、高效服务等。一些社会体育产业、俱乐部还应多组织一些非营利体育活动，以加强自身的能力建设，健全机制，提升公信力。

第七章 黑龙江省冰雪体育旅游产业发展研究

第一节 体育旅游产业概述

一、体育旅游产业的概念、特点

（一）体育旅游产业的概念

国外对于体育旅游的研究起步较早，并取得了相对丰硕的成果。国外很多学者对于体育旅游概念的界定是通过对体育旅游类别的判定研究进行的。这些学者普遍认同"具备参与体育活动的动机"和"一定时间内、跨越一定空间"是体育旅游的界定基础。但在细节方面，学界对体育旅游概念的界定依旧没有统一观点。一部分学者认为旅游活动中的体育活动一定要具备自己的特定规则，并且是以身体对抗和游戏为本质的竞赛才是体育旅游；另一部分学者认为旅行中的活动只要与体育相关即可称之为体育旅游。有的学者认为只有出于非商业因素参加或参与体育活动的旅游才是体育旅游，其他学者对旅游者参与动机是否出于商业因素则不予以区分。还有一部分学者认为在旅游过程中"无意"参与了体育活动的旅行不属于体育旅游，这与其他学者的观点并不一致。可见，关于"是否只要旅游活动与体育相关即为体育旅游"和"出于商业因素参与体育活动的旅行是否属于体育旅游""是否参与体育活动是首要动机时才可称之为体育旅游"等问题，国外学者仍存在争论。

我国学者关于体育旅游的概念界定，一些学者认为体育旅游是隶属于旅游业的、具有体育特征的特定旅游活动类别，个别学者认为体育旅游是一种社会性活动，大多数学者从复合型产业的角度来界定体育旅游，认为体育旅游学是体育学与旅游学相互渗透而产生的具有交叉性的科学。同时，国内研究者在界定体育旅游时的共同点是，都着重强调旅游者具有参与体育活动的动机并实际参与其中，在广义上来讲，体育旅游是旅游者在旅游过程中进行各种娱乐锻炼、体育竞赛、体育康复、体育文体交流活动以及与旅游地、体育旅游企业、社会之间所有关系的总和。就狭义而言，体育旅游是通过借助各种体育活动产品来适应并满足消费者的体育需求，通过充分发挥体育旅游产品的各种功能来使消费者得到身心的和谐与健康，进而实现促进社会物质文明和精神文明建设与发展的一种丰富社会文化生活的活动。

（二）体育旅游产业的特点

体育旅游作为一种特殊的旅游方式，是将体育活动与人文景观或自然景观结合而成的。体育旅游具有多种特征，它既能够使消费者愉悦身心，又能够促进消费者增强体质、缓解疲劳。体育旅游有别于常规意义上的旅游，体育旅游的游客在心理和行动上往往都具有主动性、参与性和多样性需求等特点，体育旅游能够为其提供个性化服务，并满足其个性消费需求。

1．专业要求高

进行体育旅游一般需要较强的体育专业知识或专业技能。从需求方而言，如为观赏体育比赛而进行的体育旅游，旅游者起码应了解该项目的比赛规则、项目特点、参赛双方的技术风格、各自的实力等相关知识。如果是从事挑战极限的体育旅游，诸如蹦极、攀登、漂流、滑翔、滑雪等，旅游者除了需要掌握专门的体育知识外，还需要掌握专业的技术、技巧，甚至有些项目必须在专业教练员或向导的指引下完成；从供给方而言，从事体育旅游经营的企业从设施装备到教练指导，都有极强的专业性，如登山俱乐部需要有相应的基地、特制的服装、工具及医疗救护队等；赛马俱乐部则需要马场、跑道、养马师等。体育旅游设施是否齐全，旅游资源是否可进入，是开发体育旅游的关键因素。

2．安全系数低

体育旅游种类多，不同种类的体育旅游安全系数是不同的。一般而言，健身类体育旅游安全系数较高，观赏类体育旅游次之，挑战极限类最低。体育旅游安全系数低的主要原因是体育旅游的可控性差，这主要包括两个方面的原因：一是自然条件可控性差。体育旅游包含着向大自然的挑战，大自然的变化有时可称之为瞬息万变。比如，征服雪山，再有经验的队员也抵挡不住突然的雪崩。二是人为因素可控性差。体育旅游特别是赛事旅游，人员众多，再加上赛事竞争的激烈，人们往往难以控制自己的情绪，以致造成事故的发生。

3．时效性强

体育旅游大多具有很强的时效性，错过最佳时期，市场随之消失。比如，赛事旅游，人们从事赛事旅游的主要目的是观赏比赛，进行的消费活动都发生在赛事期间，因此进行赛事旅游市场开发，必须抓住时间，积极做好赛前的宣传、促销等准备活动。例如，北京市旅游局专门组织"亚运会组委会服务部"推出了诸如"亚运、旅游、友谊、和平"百万人签字活动、北京第三届国际风筝节、北京购物节等10项大型旅游活动，极大地丰富了体育旅游市场，刺激了人们的购买欲望，带动了北京市整个旅游业的发展。不仅赛事旅游要把握时机，其他体育旅游为安全着想也应把握好时机，如登山活动，应该选择春秋两季比较好，其他季节危险性大。

4．高消费

体育旅游专业性强，属于高消费类型的旅游品类，这主要表现在三个方面。第一，专用工具、设备成本费用高，如从事登山、滑翔、山地自行车、轮滑等旅游都需要有专门的装备，有些装备科技含量高，成本费用高，一般而言，设备越先进，安全系数越高。第二，门票费用高。无论是赛事旅游、娱乐旅游还是高尔夫运动健身游，都需要一笔不小的门票开支。第三，专向服务费高，在从事体育旅游之前，往往需要专门的训练，需要教练员指导，在体育旅游之中，有时还需要聘请有经验的向导、医生或顾问，这些都需要较高的开支。特别是探险类旅游花费高，没有充足的经费作保障，不能轻易地进行探险类的体育旅游。

5．社会影响大

体育旅游是向自然挑战，向自身挑战，从广义而言则是向极限的挑战。无论是个人体育旅游还是团体体育旅游，都以其独特的魅力吸引着新闻媒体。不管挑战的结果是成功还是失败，一经新闻媒体报道或炒作，随即便能成为世人关注的焦点。特别是奥运赛事旅游，在很短的时间内，世界各地的运动员、教练员、新闻记者、球迷等几十万甚至上百万人从四面八方涌入一个城市，从而从交通到通信，从观光到购物，从有形资产聚集到无形资产升值，对赛事举办城市将产生全方位的影响。

二、提高我国体育旅游产业经济效益的意义和对策

（一）提高我国体育旅游产业经济效益的意义

体育旅游经济效益的提升对我国具有一定的社会效益。为消费者在体育旅游过程中提供集健身、娱乐、休闲和交际于一体的服务，不仅能使其身心得到放松与发展，对我国社会物质文明和精神文明建设还具有重要的促进作用。由此可见，体育旅游经济效益的提高能推动我国社会效益的整体发展。另外，重视并加强体育旅游的经济效益，能推动体育旅游产品的创新速度，为体育产业发展创造更大的价值，进而为体育旅游的生存与发展创造有利的环境和条件。

（二）提高我国体育旅游产业经济效益的对策

1. 开发特色旅游资源

通过对区域旅游资源进行合理的开发与利用来提升区域旅游资源的经济效益。我国土地辽阔、地大物博，涵盖了多种地质地貌，以及河流湖泊、名山大川、海滨胜地等丰富的特色体育旅游资源。体育与旅游融合而成的体育旅游是一定社会文化的产物，是依赖于一定社会文化背景而产生的。事实上，有不少旅游者就是为了增长自然、历史、地理、文学、艺术、科技、体育等方面的知识而外出旅游的。体育运动中蕴含着丰富的科学文化知识，需要一定的技能，因而使人们萌发了到体育旅游地了解、学习的动机。从资源开发角度看，体育是人们健身、消遣、娱乐的需要，许多体育项目经旅游开发后能产生经济和社会效益，具备构成旅游资源的一切属性。旅游资源的最大特点就是能激发旅游者的旅游动机，而作为人类文明的一个重要组成部分，体育所形成的独具特色、精彩纷呈的人文资源丰富了人类的文化宝库。同时，体育活动又以其健身性、娱乐性、参与性、新颖性和刺激性等特征，能够满足大众健身、娱乐、休闲和冒险等多样化消费需求，因而对旅游者有较大的吸引力，能激发旅游者外出旅游消费的兴趣。

2. 提升体育旅游的内容和形式

充分利用经济市场创新手段来发展并丰富体育旅游的内容和形式。在科学的经济市场需求基础上，有针对性地进行旅游产品开发，结合消费者的不同层次和需求来创新旅游产品，是有效提升体育旅游经济效益的重要手段之一。不同的体育旅游模式能够吸引更多的旅游者，因此，创新开发模式并进行体育旅游产品设计，通过举办拓展体育训练等活动满足不同层次体育旅游需求者。以地域性旅游资源为基础，加大力度开发体育旅游产品，实施旅游性体育，如漂流、登山、徒步等。另外，还可以针对体育资源开发旅游产品，通过体育赛事带动旅游经济的发展。此外，还可以进行专项体育旅游资源开发模式和组合式体育旅游资源开发模式等，只有不断地进行创新，才能使我国的体育旅游经济长期快速发展，进而使体育旅游在体育产业中占据稳定地位。

3. 加强体育旅游经济的规划

我国应加强政府的宏观调控，并通过金融政策和财政政策等积极吸纳社会资金，促使形

成我国体育旅游经济发展所需要的各种投资和融资机制。另外，还应重视引进公私合作形式的体育旅游项目，推动我国体育旅游经济的快速稳定发展。

4. 加快体育旅游基础设施建设

重视体育旅游基础设施的建设，并加大体育旅游推广力度。体育旅游基础设施建设是体育旅游经济发展的物质基础，同时也是提高游客满意度的重要保障。因此，应加快基础设施的建设速度，尤其是加快现代化的体育训练基地、体育场馆的建设速度等，对体育设施规模进行扩展，以提高承办国际性体育赛事的竞争力，进而带动我国体育旅游经济的发展。对体育旅游服务配套设施进行不断健全与完善，如健全和完善交通设施、住宿设施、餐饮设施以及各种观赏性和参与性体育旅游场馆等，均是保证我国旅游经济不断提升的有效手段。随着信息技术和网络技术的不断普及，其在各行各业已得到了不同程度的运用。我国应借助网络平台、媒体平台来大力推广体育旅游经济，让大家认识并了解体育旅游的特点，进而积极参与体育旅游。另外，还可以通过网络与国际体育旅行社建立良好的沟通。

5. 重视专业人才的培养和输入

重视体育旅游经济管理专业人才的培养和输入。体育旅游经济管理专业人才是保障我国体育旅游经济实现可持续发展的核心所在，是体育产业的重要因素。我国当前体育旅游经济发展现状是十分缺乏兼有体育知识和经营管理知识的复合型人才，因此可通过多种形式来鼓励现有人才进行专业提升，并与高等院校建立人才聘用合同，以此来提高体育旅游中各层次人员的综合水平。

第二节 黑龙江省冰雪体育旅游产业发展现状及存在问题

一、相关概念界定

(一) 冰雪体育旅游

冰雪体育旅游是体育在我国产业化发展进程中的产物，属现代旅游的重要门类。因其具有冰雪旅游和体育旅游的双重属性，又因国内的体育旅游和冰雪旅游起步较晚，所以国内外从事体育工作的学者并未对冰雪体育旅游的概念形成一个较为统一的意见。

在综合了"冰雪旅游""体育旅游"和"冰雪体育旅游"的概念界定前提下，综合学术概念中的相同之处，即冰雪体育旅游是将冰雪文化内涵赋予冰雪运动和旅游的总和，是具有冰雪特色的并且满足游客自身观赏、参与、社交等目的的活动方式。随着各方学者的研究工作不断推进和冰雪体育旅游的不断发展，人们对冰雪体育旅游的认知会更加清晰，相关的内容会不断扩充，对冰雪体育旅游的发展也将大有益处。

(二) 冰雪体育旅游产业

冰雪体育旅游产业发展具有较大规模，在冰雪产业中具有极高的代表性，也是经济模式运行较为成熟的旅游产业之一。冰雪体育旅游产业是冰雪产业与体育产业的结合，是依托体育项目活动，吸引游客消费，聚集赛事开展等实现产业总体经济的发展。经过总结各方学者意见，总结本书的冰雪体育旅游产业概念如下：冰雪体育旅游产业是以冰雪体育旅游企业为核心，以第三方旅游中介企业、冰雪体育旅游用品及冰雪体育旅游装备制造企业、设备维护维修企业、相关培训企业等食、住、行企业为外围，以文化、交通线路、政策等为辅助的产业。

二、黑龙江省冰雪体育旅游产业现状

冰雪体育旅游产业的基本配置要素是黑龙江省冰雪体育旅游产业能否实现集聚的基础。因此，通过对相关文献以及各政府部门相关网站综合信息的解读梳理，分析黑龙江省冰雪体育旅游产业现有内容，将黑龙江省冰雪体育旅游资源按照冰雪体育旅游产业的自然要素、场馆资源、人力配置、产品类型、现实情况进行分析。

（一）冰雪体育旅游产业自然要素

1. 地貌资源丰富

黑龙江省地大物博，山地资源丰富，山地面积占比较大，能够开发为雪场的大小山峰众多，是国内雪地资源较为丰富的区域。例如，帽儿山、壹台山、大兴安岭、小兴安岭等均已成为冬季的滑雪胜地，再如亚布力滑雪场是由三座海拔 1000 米以上的山峰组成。可见，多样化的地形是黑龙江省开展冰雪体育旅游的现实基础。同时，松花江水系和牡丹江水系遍布域内，镜泊湖、五大连池、连环湖等湖泊资源丰富。

综上所述，黑龙江省域内地貌多样，可以充分满足冰雪体育旅游活动的展开，其山地与湖泊资源在冬季可以转化为雪资源、冰资源，能够充分满足人们的冰雪体验与观赏的基本需求，是黑龙江省的先天地貌资源优势。

2. 气候条件优势

黑龙江省雪季自然降雪量充沛，雪季时间较长，约为 4 个月。积雪厚度、积雪质量均符合冰雪体育旅游所需。总体而言，黑龙江省发展冰雪体育旅游的气候优势明显，能够满足一般冰雪体育活动的开展条件。不仅如此，黑龙江省因气候优势，部分地区的雾凇、冰屋、冰雕、室外雪景也吸引着众多游客。"冰天雪地，也是金山银山"的重要论断，让黑龙江省近年来更加重视冰雪资源为黑龙江省带来的经济效益，在冰雪资源的开发利用的同时更加注重保护环境，实现区域资源的可持续发展，将冰天雪地资源效用发挥最大化。但是，由于冰雪资源的不可复制性及有限性，以及制冰造雪的费用高昂，使得黑龙江省冰雪体育旅游产业在发展过程中出现过于依赖自然资源的现象。从长远看，冰雪的不可再生性和偶然性也会在一定程度上制约黑龙江省全力发展冰雪经济。除此之外，黑龙江省冰雪体育旅游的发展也受制于室外温度过低，游客的活动质量和体验较差。因此，应严禁过度开发，充分保护自然环境，以形成绿色生态发展的动态格局。在保护黑龙江省的自然资源的同时，还要结合新理念、新技术等手段，压缩制冰造雪成本，使其与自然资源形成互补。

（二）冰雪体育旅游产业场馆资源

1. 冰雪场馆

黑龙江省冰雪体育旅游产业发展离不开冰雪场馆的支撑。近年来，随着黑龙江省大力发展冰雪经济，滑雪场、可移动滑冰场等其他基础设施建设也随之兴建。据相关数据统计，截至 2020 年末，黑龙江省滑雪场数量为 124 家，数量居于国内榜首。这是黑龙江省冰雪体育旅游产业在全国范围内竞争实力的体现。据黑龙江省文化和旅游厅消息：黑龙江 2022 年新评 4A 级旅游景区 8 家、省级旅游度假区 2 家。全省 S 级滑雪场总数达到 29 家。以亚布力滑雪旅游度假区为例，该度假区雪道多样、雪场规划科学，设有多种滑雪区和娱雪区。但是，整体上黑龙江省滑雪场的专业雪道数量不足，主要为一些业余爱好者和滑雪新手提供服务，雪道形式较为单一。室内冰雪场地的数量与质量上有很大的发展空间，受运营成本影响，相关投入并不乐观，其中室内冰场的数量较室内雪场的数量多。

2. 冰雪景点

黑龙江省冰雪体育旅游产业发展离不开冰雪景点的基础条件。冰雪景点扩充了冰雪体育旅游的线路与内容，可以通过恰当的方式使冰雪景点与体育运动进行衔接。例如，雪乡、连环湖景区等可以与体育项目进行特色融合。因此，对于冰雪体育旅游产业的长远发展而言，合理配置资源、合理进行选址是十分必要的。纵观 2021—2022 年全国滑雪场的增长数量，黑龙江省虽然没有新建过雪场，但是其雪场数量仍然处于全国领先地位。关注经济增长速度的同时也要考虑黑龙江省是否具有开发新雪场的能力、资本的引入以及雪场位置的分布，从场馆方面入手达到科学配置省内资源的目的，打响黑龙江省冰雪体育旅游的品牌。

（三）冰雪体育旅游产业人力配置

黑龙江省冰雪体育旅游产业的发展若想保持良性循环，对人才的分配调度及长期培养是不可或缺的。受地缘因素影响，冰雪体育旅游产业相关人才多聚集于东北三省及京津冀地区。但目前黑龙江省专业性强、素质过硬的冰雪体育人才流失严重，其原因主要有两点：一是经济因素，黑龙江省地理位置不占优势，较为偏僻，居民收入居全国末流。近年来受其他地区经济发展速度快及薪资水平较高的影响，使得黑龙江省冰雪专业相关人才选择离开黑龙江省去别省发展。二是价值实现因素，相对于经济发达、就业前景好、就业机会丰富的南方地区，黑龙江省的发展机会较为缺乏，人才发展的空间较低。可以说黑龙江省的冰雪人才流失问题较为突出。但近年来，黑龙江省采取积极的人才政策，鼓励校企合作，在一定程度上缓解了人才流失。

2021 年 5 月，融创文旅与哈尔滨体育学院达成校企合作，共同培养冰雪人才，使企业、高校、学生三方共同获益。2021 年 8 月，黑龙江省举行省校合作线上推进会暨集中签约仪式，黑龙江省委省政府与 40 所高校签订了省校合作战略协议。这些举措将有效提高黑龙江省冰雪体育旅游产业的相关专业人才的循环调度。与此同时，2021 年黑龙江省开展了多项运动员跨界选材项目，并不断完善职业运动员退役之后的就业保障等问题。由黑龙江省体育局牵头举办的滑冰、滑雪等国家一级、二级裁判员、教练员培训班也在积极开展中，大量的省内小学、中学的教师和退役运动员纷纷参加培训，为黑龙江省的冰雪体育旅游储备了大量的人才。

综上所述，黑龙江省已经认识到人才短板的问题，正采取多维治理的措施有效缓解，同时建立了较为系统的人才培养体系，但是人才的质量是否得到保证，复合人才的数量能否符合发展所需，都需要进一步进行探析。

（四）冰雪体育旅游产业产品类型

1. 从产品构成角度分析

首先，黑龙江省冰雪体育旅游产品品类丰富，既包括人们进行冰雪体育旅游活动时的具体承载方面，如冰雪大世界、亚布力滑雪度假区等集冰雪运动与旅游于一体的活动场所，又包括相关的设施、服饰等活动所需的配备。

其次，冰雪体育旅游产品特色突出，可玩性增强。为避免省域内冰雪体育旅游产品同质化严重，影响省域内冰雪体育旅游产业的可持续发展，黑龙江省各级政府结合地区优势，明确地域内发展冰雪旅游产业的大方向，形成各自不同的旅游产品，为游客提供更为丰富的旅游体验。黑龙江省部分地区冰雪体育旅游产品特色，见表7-1。

表7-1　黑龙江省部分地区冰雪体育旅游产品特色

地区	特色
黑河市	科学确立"最北自贸区、冰雪理想国"旅游主题
齐齐哈尔市	充分发挥"雪地观鹤"这一世界独一无二的原创品牌效应
大庆市	温泉、冰雪两大冬季旅游元素强强联合
大兴安岭地区	挖掘拓跋鲜卑民族文化

数据来源：各地级市及辖区政府官网。

最后，冰雪体育旅游的品类较为丰富。以亚布力雪场为代表的滑雪类产品、滑冰类产品以及亲子产品较为丰富，并仍有大量的冰雪旅游产品有待开发，亚布力滑雪旅游度假区的转型升级也是黑龙江冰雪体育旅游产业发展规划的重点任务之一。此外，黑龙江省省域内存在着众多民族，各地区的民俗冰雪体育旅游在近年来的发展势头较为强劲。各级政府积极采取行动，不仅丰富了黑龙江省冰雪体育旅游产品的数量，更是为日后各地区不同特色招商引资、扩大冰雪体育旅游产业规模打下了坚实的基础。除此之外，经过多年的建设，黑龙江省已经形成了自身的冰雪体育旅游产品体系，涵盖范围极广，具体包括冰雪民俗体育旅游、休闲娱乐体育旅游、冰雪体育竞技旅游等一系列冰雪体育旅游产品。黑龙江省冰雪体育旅游产品概况，见表7-2。

表7-2　黑龙江省冰雪体育旅游产品概况

产品类别	产品名称
休闲娱乐类	滑雪、滑冰、雪地风筝、冰上自行车、儿童冒险乐园、冰爬犁
民俗体育类	民俗体验、冬捕打猎
竞技体育类	各级各类冰雪赛事、雪车竞速、越野滑雪、雪地足球
节庆活动类	哈尔滨国际冰雪节以及其他地级市的小型冰雪节

数据来源：各地级市及辖区政府官网。

2. 从产品政策角度分析

近年来，随着北京2022年冬奥会的热度持续升温，文化和旅游部等三部门联合印发的《冰雪旅游发展行动计划（2021－2023年）》和《黑龙江省冰雪旅游发展规划（2020－

2030）》等相关政策的持续推进，为黑龙江省发展冰雪体育旅游产业提供了良好的契机。黑龙江省认真贯彻落实国家政策，于2022年4月发布《黑龙江省冰雪经济发展规划（2022—2030）》《黑龙江省支持冰雪经济发展若干政策措施》，提出了建设"冰天雪地也是金山银山"先行区和后冬奥国际化冰雪经济示范区的全新战略构想，为各地级市及辖区提供了较为详细的顶层设计。培育更为新颖的冰雪体育旅游产品成为黑龙江省推动冰雪体育旅游产业发展的主要目标，如何提高游客的满意度成为现阶段黑龙江省冰雪体育旅游产业急需思考的问题。黑龙江省将推出新型冰雪旅游产品列为重点任务之一，具体内容，见表7-3。

表7-3 《黑龙江省冰雪旅游发展规划（2020—2030）》行动计划：重点任务

推出新型冰雪旅游产品	工作阶段
探索发展冰晶世界项目	中远期
发展冰雪温泉度假	中远期
开发滑冰表演	近中期
打造室内冰上探险世界	近中期
开发冰雪博物馆	中远期

数据来源：黑龙江省人民政府官网。

综上所述，黑龙江省冰雪体育旅游产品未来将积极与国际知名冰雪体育品牌合作，结合现有温泉、雪景、民俗等特色，打造一批成熟的冰雪体育旅游产品来丰富黑龙江省冰雪体育旅游的产品品类，最终在全国范围内树立黑龙江省冰雪体育旅游产品的旗舰标杆。从真正意义上改变传统冰雪体育旅游产品模式，使冰雪体育旅游形成可持续发展态势。除此之外，以亚布力滑雪旅游度假区为例，《黑龙江省冰雪旅游发展规划（2020—2030）》中明确指出要开发多类别的冰雪旅游产品。在该度假区重点发展的十项项目中，户外滑冰区、越野雪道、雪鞋徒步、雪橇山道、儿童冒险乐园等有关冰雪体育旅游类产品，占据了半壁江山。黑龙江在创新冰雪体育旅游产品上做足了功夫，以期通过新型冰雪体育旅游产品来丰富黑龙江省冰雪体育旅游的品类，为黑龙江省创收。

（五）冰雪体育旅游产业现实情况

就目前黑龙江省冰雪体育旅游产业发展现状而言，滑雪体育旅游产业占据了其中很大一部分比重，但与滑雪体育旅游产业相关的贸易产业、文化产业的发展还存在诸多不足之处。受制于整体的经济增长速度缓慢等因素的影响，冰雪竞技类、冰雪表演类、冰雪培训类等产业经济价值效果不理想，防范风险能力较差，规模经济增长速度缓慢。

目前，黑龙江省各类可供冰雪体育旅游的场所已达到近千处，不仅改造了一批以太阳岛风景区、二龙山风景区、牡丹江林海风景区、平山风景区等为代表的传统旅游场所，还积极兴建了一大批诸如大庆职工冰雪乐园、齐齐哈尔南山湖滑雪乐园、万达室内滑雪场等新的冰雪体育旅游场所。

黑龙江省冰雪体育旅游产业链是以冰雪体育旅游为中心，由冰雪赛事旅游、冰雪休闲旅游、冰雪节庆旅游、冰雪民俗旅游等集合而成的有机链条，具体可以分为纵向链、横向链和交互链。研究发现，其中纵向链是以冰雪体育旅游产品的开发、宣传、服务、营销等环节链接在一起的不同种类的冰雪体育旅游企业的有机链接；横向链是在冰雪体育旅游供给的过程中同一类型企业的有机链接；而交互链是纵向链和横向链的网络状结合，也是冰雪体育旅游垂直一体化和横向拓展的交互共生。冰雪体育旅游产业链是通过是以冰雪体育旅游企业为核心，最终实现对服务流、物质流、资金流、信息流、客户流和文化流的控制，将行、食、卫、住、游、娱、购等一系列过程紧密结合，形成供应商、批发商、零售商、消费者相联结的网链结构。但是调查显示，黑龙江省冰雪体育旅游产业目前在与各细分产业的联通上还存在诸多不足。核心层次发展优势明显，辅助产业与核心产业的交互性较差，辅助产业尚未拥有保护核心层次的能力。

三、黑龙江省冰雪体育旅游产业发展问题

（一）黑龙江省冰雪体育旅游产业结构处于非均衡状态

黑龙江省冰雪体育旅游产业在市场开拓进程中的驱动力不足，其产业结构处于非均衡状态，具体表现在供给结构不均衡和需求结构不均衡两个方面。

其一，黑龙江省冰雪体育旅游产业供给结构不均衡，即自然资源、场地资源、人力资源、技术资源等供给要素的供给比例不均衡，产业关联关系薄弱。黑龙江省得天独厚的地理位置使得自然资源和场地资源在黑龙江省冰雪体育旅游供给结构中占据主体地位，而复合型冰雪人才的流失和技术创新企业的缺位使得人力资源和技术资源的占比过小。黑龙江省以自然资源和场地资源为主的供给结构已经成为冰雪体育旅游产业的发展障碍，供给结构的不平衡导致了黑龙江省冰雪体育旅游产业停留于粗放式发展模式，不利于成功打造冰雪经济强省和全国首选冰雪旅游目的地目的的达成。此外，冰雪体育旅游需要冰雪场地进行支撑，而黑龙江省范围内的滑冰场较滑雪场而言十分薄弱，因此，黑龙江省冰雪体育旅游重滑雪轻滑冰，在运动项目上与旅游结合方面也存在不均衡的问题。

其二，黑龙江省冰雪体育旅游产业需求结构不均衡，即在一定收入水平下，黑龙江省政府、企业、个人对冰雪体育旅游需求的比例不均衡。调查发现，一方面，黑龙江省政府在购买冰雪体育旅游服务方面的投入较少，尚未采取发放冰雪体育旅游消费券等优惠扶持措施，较高的消费门槛在一定程度上限制了冰雪体育旅游的消费需求；另一方面，黑龙江省只有较少企业将冰雪体育旅游作为团建活动或员工福利的重要方式，企业需求不足，不利于工薪阶层对冰雪体育旅游的参与。事实上，黑龙江省的冰雪体育旅游需求绝大多数来自个人行为偏好，个人通过亲友或俱乐部推荐的方式参与冰雪体育旅游。如果今后政府和企业能采取相关福利措施，降低冰雪体育旅游消费门槛，可以进一步支持黑龙江省冰雪体育旅游产业的快速发展。

（二）黑龙江省冰雪体育旅游产业链条衔接性较差

黑龙江省冰雪体育旅游产业链虽然初步形成，但未完全建立，链条上各企业间的相互依赖和相互关联度不高，冰雪体育旅游产业链条在整体上的衔接性较差。

首先，在纵向链中，上游企业是生产冰雪体育活动所需用品器械的冰雪装备设备制造企业，中游企业是滑雪旅游度假区、冰雪大世界、旅行社等与旅游直接相关的企业，下游企业则是餐饮、住宿、传媒等衍生性服务企业。黑龙江省冰雪体育旅游纵向产业链上的各节点企业缺乏跨行业合作意识和沟通协调机制，各企业偏向于独自经营，经济活动只局限于所属行业，导致黑龙江省冰雪体育旅游资源在经济空间和地理空间上的流通性不强，纵向经济联动

的竞争优势未发挥出来。

其次，在横向链中，黑龙江省冰雪体育旅游同类企业之间存在恶意竞争，商业逐利的本性使得大部分企业盲目追求消费和流量，只关注一时的经济利润而忽视了企业自身的核心优势和发展潜力。横向链条在优势互补和资源配置方面存在一定程度的浪费，因此，链接中出现断层现象。而产业链能产生经济效益的关键在于节点企业之间比较优势的发挥和技术经济的协同联动。这一横向断层的劣势局面无疑阻碍了黑龙江省冰雪体育旅游产业的发展进程。

最后，交互链意味着黑龙江省冰雪体育旅游产业内部需要建立风险共担、利益共享的有机整体。但由于黑龙江省冰雪体育旅游产业链在纵向延伸和横向拓展过程中存在不同堵点，不能形成互通互融的网络状经济集合。这也使得黑龙江省冰雪体育旅游产业链的抗风险能力和经济效益较差。因此，需要先行疏通堵点才能加强黑龙江省冰雪体育旅游产业链各环节的衔接性。

（三）黑龙江省冰雪体育旅游产业思维边界难以突破

冰雪体育旅游产业是"冰雪＋体育＋旅游"三种业态的高度融合，具有强大的产业发展潜力和产业发展空间。黑龙江省冰雪体育旅游是发展东北冰雪产业的关键环节，绝不能停留在字面意义组合的基础阶段。而目前黑龙江省冰雪体育旅游产业尚存在融合性、开拓性和交互性不足的问题，这也是黑龙江省冰雪体育旅游产业在思维边界中难以突破的桎梏所在。

第一，缺乏与新兴技术融合的合作意识。"大数据""物联网"等数字技术的发展日趋成熟，这些新兴技术的出现为冰雪体育旅游产业的智慧化发展带来了契机。但黑龙江省冰雪体育旅游产业和新兴技术的融合过于基础，产品与新兴技术的结合过于浅显，仅仅停留在低端的门票预订和场域导航层面。特别是黑龙江省冰雪体育旅游企业还没有意识到新兴技术对消费者情感捕捉和信息感知的重要作用，整体上对数字技术的实践应用不深入。

第二，缺乏与其他产业交互的跨界意识。产业与产业的跨界交互可以打破产业原有的边界和壁垒，通过不同产业的要素流通重组和相互渗透，可以实现冰雪体育旅游产业的借力。目前黑龙江省冰雪体育旅游产业与金融、传媒、教育、科技等产业的跨界交互程度不足，如在资本注入、活动推广宣传、知名度打造、研学教育与素质拓展、智慧便捷等方面还有很大的提升空间。黑龙江省冰雪体育旅游产业中的各企业主体依然更多关注旅游或体育的原有属性，对产业交互的新模式新业态探索程度不够。

第三，缺乏对自身产业开拓的创新意识。黑龙江省域范围内不仅冰雪体育旅游产品的同质化现象严重，而且吉林、河北等省具有和亚布力滑雪旅游度假区同级别的冰雪体育旅游主阵地。黑龙江省冰雪体育旅游产业的前期发展优势已经逐渐丧失，急需以项目创新为载体、以服务创新为核心、以技术创新为手段的创新意识，通过整合红色旅游资源、温泉旅游资源、民俗旅游资源来开拓黑龙江省冰雪体育旅游产业发展的新版图、新特色。

第三节　北京冬奥会契机下黑龙江省冰雪体育旅游产业发展优势与挑战——以哈尔滨市滑雪产业发展为例

一、滑雪旅游产业概述

滑雪旅游产业是以提供滑雪旅游产品为主的服务行业，其存续和发展主要依赖人们的消费。目前，我国的学者对于滑雪旅游产业有不同角度的解读，其主要研究都集中在滑雪场建设、滑雪场雪具、滑雪装备等方面，但是对于滑雪旅游产业的概念没有明确的定义。滑雪旅游产业是体育产业的分支，是滑雪服务、管理及生产滑雪相关产品的新型产业形态。滑雪旅游产业组成中既包括有形的相关滑雪用品，也包括无形的滑雪服务和相关资产。滑雪产业企业在生产过程中所供给的产品包括雪场、滑雪机械设备、滑雪装备用品和滑雪培训等产品，相应产品的生产还形成了滑雪旅游、滑雪度假、滑雪赛事及滑雪培训等综合性产品。我国滑雪旅游产业的产业链正逐渐延伸，而雪场经营处于该产业链的核心位置。

滑雪旅游产业在发展中，滑雪者的相关需求往往呈现多样化的特征，这也导致滑雪旅游产业形成高度分散的体系。滑雪旅游产品的发展、生产、流通和食品、住宿、交通、滑雪、购物、娱乐以及滑雪信息都是滑雪产业方方面面基本的行业类别。因此，我们可以将滑雪旅游产业定义为：满足滑雪者在滑雪中的购买和使用，让消费者在消费和享受滑雪时，得到满意的服务。

二、北京冬奥会契机下哈尔滨市滑雪旅游产业发展的优势

（一）滑雪旅游有利于提升本地区特有的文化魅力

滑雪运动具有刺激、惊险的特征，该特征也是滑雪运动受到越来越多的人的喜爱的理由，人们通过参与滑雪运动可以领略自然美景带给人们的享受，所以越来越多追求品质和高质量生活的人开始加入滑雪运动。哈尔滨市是我国冰雪体育文化的发源地，是世界冰雪文化的重要孕育基地，是创造培育冰雪文化的代表性城市。一直以来，哈尔滨市被誉为"滑雪之都"，是融合了冰雪文化的美丽城市，其凭借独特的地理位置、丰富的冰雪资源，积淀了一定的冰雪体育文化。近年来，哈尔滨市通过滑雪运动吸引了大量滑雪旅游者，从而展示了特色冰雪文化，这一过程哈尔滨市建设冰雪旅游名城具有重要意义。同时，滑雪旅游还在寒冷的冬季成为区域内外游客欣赏雪景，参与运动的重要途径，并逐渐形成了哈尔滨特有的冬季文化魅力。

（二）商业化及市场推广得到进一步发展

随着我国滑雪场的不断增加，滑雪旅游产业也逐渐形成，与此同时，滑雪旅游产业的健康发展也引领着滑雪市场的进一步发展，并促进了滑雪旅游的产业化进程。另外，随着滑雪旅游产业越来越受到关注，一些国外企业或资本所有者都开始重视我国滑雪旅游产业的市场潜力。因此，在商业化发展的推动下，滑雪旅游及其市场化推广将是未来我国滑雪产业发展的重要动力。

具体发展进程中，哈尔滨市的国际冰雪节、经贸洽谈会等节日每年都定期举办，并在国

内外享有很高的声望，相关旅游者也会在每年冬季前往哈尔滨市参加这几项大型活动。此外，哈尔滨市在 2009 年成功举办了第二十四届世界大学生冬季运动会（简称大冬会），本次赛事对于哈尔滨市乃至黑龙江省都是一项首次以冬季项目运动为举办目的的国际性综合体育赛事。这一届大冬会也被誉为历史上最成功的一次大冬会，使得承办赛事的哈尔滨市得到外界关注，为哈尔滨市的滑雪旅游作出了重要的形象宣传。与此同时哈尔滨市滑雪场数量日益增多，使滑雪旅游产业成为哈尔滨地区新的经济增长点，滑雪旅游使人流、物流、资金流积聚，拉动了内需，刺激了市场的消费，更推动了相关产业的发展，并为推动滑雪旅游运动在哈尔滨市的发展和普及提供了有利条件。

（三）冰雪体育人才辈出为北京冬奥会作出贡献

我国冰雪运动经过多年的发展，在大众普及、竞技比赛、休闲旅游中都取得了一定的进步。2022 年北京冬奥会的成功申办，使我国冰雪体育相关发展都得到了巨大的推动。其中，冰雪体育人才近几年成绩与综合素质上也都有明显的提升。中国的冰雪运动员大多为"黑龙江制造"，到 2022 年中国北京冬奥会结束，中国队已经参加了 12 届冬奥会，目前已获得 22 枚金牌、其中的 12 枚金牌得主来自黑龙江的运动员，可见黑龙江在我国冰雪体育竞技中有着重要的作用。近几年，我国组建冰雪项目的各队伍多通过各大院校、教育机构选拔冰雪体育人才，再对选拔的人才进行深入的培养。而哈尔滨市为 2022 年北京冬奥会输送了一定的冰雪体育人才，提高我国冰雪体育的竞技水平，推动我国冰雪运动的全面发展。同时，哈尔滨还汇集了各种冰雪体育人才，近年来哈尔滨多次举办国内外大型赛事活动，带动了人们对冰雪体育运动发展的深入了解。此外，哈尔滨市还建有具有冰雪特色的专业性体育院校，为我国培养出了一大批冰雪体育项目全国冠军、世界冠军，如申雪、赵宏博、张虹等。由此，冰雪体育人才辈出将为我国冰雪运动的发展和顺利举办冬奥会作出贡献，同时也将成为哈尔滨市滑雪旅游发展的突出优势。

（四）滑雪场地的专业水平及其规模具有较明显的优势

目前，哈尔滨市的亚布力滑雪场是黑龙江 5S 级滑雪场之一，也是我国目前最大的集接待滑雪旅游和滑雪运动员训练与比赛的综合性滑雪场，其安全、管理、服务和娱乐水平在全国都具有一定的代表性。此外，哈尔滨体育学院第二校区冠军滑雪场也是黑龙江 5S 级滑雪场之一，是我国重要的集教学、科研、训练、竞赛与社会服务于一体的冰雪体育人才培养基地。哈尔滨体育学院第二校区冠军滑雪场为中国大学生冬季运动项目训练基地、全国单板滑雪训练基地、黑龙江省中小学生校外活动基地，而二龙山龙珠滑雪场、乌吉密滑雪场以及玉泉等中小型滑雪场近年也在不断升级改造，各滑雪场从滑道的长度、滑雪场的设施和接待条件等方面都在逐步完善，基本形成了比较完整的滑雪旅游产业。室内滑雪场的优点是游客在四个不同的季节，都可以随时享受滑雪、玩雪、赏雪的快乐。室外滑雪场则充分体现了冰天雪地的动人风情，使人们能真正置身于白雪皑皑的雪山之中，哈尔滨室内外滑雪场的规模和数量均位居全国前列，由此哈尔滨市的滑雪旅游市场发展潜力较大。

（五）哈尔滨市滑雪旅游产业发展的新机遇和新动力

首先，伴随我国经济的迅速发展，综合国力不断增强，人们生活水平显著提高，人们不再仅仅满足于基础的衣、食、住、行等物质需求，民众开始追求健康、休闲、科学的冰雪运动体验，"百万青少年上冰雪""冰雪阳光体育""三亿人参与冰雪运动"等多个冰雪活动逐渐实施并得到推广。国家体育总局也出台了相应文件，开始制订和完善滑雪旅游相关信息，为我国冰雪体育项目的发展，做出了政策性引导。这也将为我国滑雪旅游产业发展形成重要的机遇和动力。

其次，以冰雪旅游为核心的冰雪体育旅游产品正在成为游客旅游的新选择，冰雪旅游已经成为东北地区众多城市全面开发旅游市场的一个重要组成部分。滑雪旅游人群在冬季参与滑雪主要选择自己熟悉的地方，因为这样可以对旅游目的地的交通、周边环境、雪道、住宿都相对了解。具体调查结果显示，黑龙江省已成为我国滑雪旅游首选目的地，北京市位居第二、上海市第三、广东省第四、江苏省第五，黑龙江不仅从冬季的气温、雪量到场地等都具有开展冰雪活动的特有优势，同时对内陆省份的冰雪体育旅游也有较强的吸引力，客源结构相对良好，从而已经形成广泛和显著的全国影响力。

再次，滑雪旅游产业的快速发展，还得到了互联网的大力推动。互联网作为新时代产业的助推器能够解决传统行业的诸多问题，从政府到企业、从管理人群到家庭，都离不开互联网。互联网的应用，如思维、传播、工具、学习等都成为互联网应用的重要领域。实际上，我国的快速发展使互联网模块化经营变得更普及、容易，互联网将快速、高效、专业一流的体育相关信息和资料展现在人们面前，使人们在第一时间了解并掌握冰雪体育技能及其应用。同时互联网还鼓励民众积极参与体育赛事、运动，大力推动我国滑雪产业的发展和创新，并有效推动了冬季运动文化的知识的丰富和普及。近几年，陆陆续续推出了很多关于滑雪体育、滑雪旅游的相关网站，这些网站能够让更多热爱滑雪的人们都可以及时地了解赛事、信息、滑雪装备、教学、旅游，并通过对线上线下资源整合打造出很多一流的服务平台，为滑雪旅游用户提供了更好的滑雪运动体验。

最后，我国冰雪产业已走向市场化，其发展中不仅得到了政府的大力支持，也吸引了许多上市公司的重视，冰雪产业所形成的产业链延伸，可直接与冰雪体育竞赛、教育机构培训、体育商品、赛事食品、体育场馆建设和开发等行业形成联系。另外，中介服务、冰雪旅游、体育宣传等也可以在这一基础上进一步发展。滑雪与旅游的融合可以形成产业链的创新性延伸，同时 2022 年北京冬奥会的举办，带动了场地周边的酒店、交通、住宿、休闲娱乐等市场的兴起。另外，哈尔滨也可以进军国内相关滑雪装备的研制和生产，如关注滑雪手套、滑雪眼镜、滑雪服装、滑雪器材的研发和制造等，以抢占滑雪旅游发展的先机。

哈尔滨市冰雪运动的发展已具有一定的知名度。借助北京冬奥会的契机，大力发展以冬季滑雪为主导的体育产业，为推动我国滑雪旅游产业走上一个新的台阶。

三、北京冬奥会契机下哈尔滨市滑雪旅游产业所面临的挑战

（一）滑雪场整体竞争所面临的挑战

随着 2022 年北京冬奥会的成功举办，我国滑雪旅游产业发展面临着新机遇，但同时也迎来了新挑战。据统计，东北地区滑雪场大部分汇集于黑龙江、吉林等省，数量已超过 200座。虽然哈尔滨拥有亚布力滑雪场这样具有代表性的滑雪旅游度假区，并且承办过亚冬会和大冬会等重要冰雪体育赛事，但是随着我国滑雪旅游产业的迅猛发展，特别相邻区域吉林省滑雪旅游产业的快速追赶，哈尔滨滑雪旅游产业的发展面临着前所未有的挑战。自我国冰雪运动发展实行"南展西扩"后，不但河北、西北区域滑雪旅游产业发展迅猛，南方部分地区

的滑雪旅游产业发展也较快。在雪场经营上，这些地区不但提升了滑雪硬件设施，其软件运营如雪场的经营理念，投资主体的管理模式等都有了新的变化。实际上，各区域滑雪旅游产业的发展都与地方经济形成了密切的联系，因此，相应区域的政府管理部门也都对本地的冰雪体育产业作出了一定的规划引导和政策扶持。换言之，利好的机遇和积极的地方政府作用推动了全国滑雪旅游产业发展，这对哈尔滨市滑雪旅游产业就形成了一定的挑战。这种挑战不但体现在雪场的建设上，相应的环境支持上也体现得尤为突出。与此同时，我国滑雪装备的生产制造企业如生产雪具、雪服及造雪设备的相应企业，在雪场聚集效应的推动下也纷纷落户河北地区。

综上所述，哈尔滨市滑雪市场整体虽然也在发展，但其发展速度、运营质量以及雪场的商业化开发程度都有所滞后，从而使哈尔滨滑雪市场的整体发展面临着较大的挑战，并极大地影响着哈尔滨市滑雪市场的整体发展进度，应该积极寻求本质的改变，从而突破当下的困境。

（二）滑雪旅游产业链的发展有待完善

国民对滑雪消费能力的不断提升，促使滑雪旅游这个新兴产业的崛起，滑雪旅游成为冬季里人们谈论的热门话题。哈尔滨市及周边地区的滑雪旅游产业发展极不平衡，从滑雪旅游产业的产业链组成上看，不但产业链单一，并且产业的运营质量也有待完善。例如，目前，哈尔滨市滑雪旅游产业虽然雪场数量较多，但小型雪场占比较大，并且多数滑雪游客在雪场的停留时间较短，消费的延伸性不强。另外，各雪场相比于其他省份的代表性雪场缺少地产开发、消费主体细分以及滑雪市场营销的运营设计。整体而言，哈尔滨市滑雪旅游产业的产业链急需完善，以对滑雪旅游产业发展的市场化程度形成本质性推动。

由此可见，哈尔滨滑雪旅游产业的产业链完善至关重要，只有完善产业链才能形成滑雪旅游的产业结构优化，才能升级现有产业构成，为哈尔滨滑雪旅游的整体发展形成产业化基础。

（三）滑雪教练员人才稀缺的挑战

我国滑雪运动虽然起步较晚，但随着人们生活水平的提高，参与滑雪运动的人数也在逐渐增长，对于哈尔滨市滑雪市场而言，滑雪教练员人才的不足已经成为其发展的重要制约因素。虽然，目前哈尔滨市滑雪人数较多，但是滑雪氛围却不浓厚，相比专业人士而言，大众对滑雪的相关知识还是了解相对较少。同时，滑雪市场对滑雪场地、滑雪装备和教练员的需求都相对较高。这也明显反映出我国滑雪市场的现状。正因如此，哈尔滨滑雪教练员人才缺口非常大。此外，哈尔滨市教练员在其培养和教学上也存在较大的缺陷，且每个雪季滑雪教练员人才数量的紧缺都能很严重地体现出来。其中，教练员的滑雪资格证很难被市场认可，也没有形成相应培养体系，滑雪教练员人才的稀缺性意味着滑雪教练员的水平很难保障，具体表现为滑雪教练员的专业性水平参差不齐。

实际上，在滑雪市场的快速发展下，滑雪教练人才数量的增长势头较为明显，市场需求巨大，但哈尔滨市滑雪教练员的培养体系却不完善。滑雪运动作为大众在冬季的一种主要运动方式，逐步得到了更多人的喜爱，滑雪场的运营数量也随之增长，教练员存在较大缺口，对于这样巨大的滑雪教练员的缺口，不管是管理部门、滑雪场还是私营培训企业都需要联合相关部门不断改进人才培养体系、协调人才培养途径，以尽快填补这一缺口，使教练员规模能够有效支撑哈尔滨滑雪旅游产业发展。

(四) 滑雪旅游产业缺乏整体的科学规划及市场培育导向

虽然冬季的雪期较短，会对滑雪旅游市场产生一定影响，但是滑雪旅游在体育旅游产业日益受到关注的背景下，其市场地位日益突出。经过这几十年的发展，我国滑雪旅游市场已初步成型，各省市随之相继开展了滑雪旅游市场的深入开发。近几年，哈尔滨市将滑雪旅游发展都集中在省外游客中，却忽略了省内游客的需求和消费水平。哈尔滨市冬季较长，假期时间也较长，大多数人在假期中以家庭的形式参与滑雪旅游活动，而省外人口的冬季消费水平虽有着逐年上涨的趋势，但是省外游客滑雪旅游消费大多属于体验式消费，对于哈尔滨市的滑雪旅游发展推动力度有限。

此外，虽然哈尔滨市对滑雪旅游产业的运营时间相对较长，在我国也处于市场领先地位，但参与开发建设的大部分企业中，却仍以私营企业为主，有些较小的滑雪场设施简陋，给滑雪初学者带来的初次体验难以满足其消费需求，这不仅不利于哈尔滨市滑雪人口的持续增长，还不利于对地方滑雪经济的引导，更给哈尔滨市滑雪旅游产业的整体发展带来了阻碍。究其原因，一方面，哈尔滨市滑雪旅游产业发展没能形成有效的市场开发，其滑雪资源的配置不合理；另一方面，哈尔滨市滑雪旅游产业发展缺乏有效的产业运营规划，即对哈尔滨市所属区域的滑雪资源开发没有整体的规划，其短期运营的模式过于关注经济效益，没能把滑雪旅游产业及地方经济发展与其他产业进行融合以形成统一布局，因此其市场运营自然逐渐暴露出相关缺陷。相比而言，吉林省滑雪旅游产业的开发突出了规划与引导，通过瓦萨滑雪节等节日和活动的设计，拉动了大众对滑雪运动参与的积极性。此外，结合滑雪场运营的市场开发需求，吉林省还规划了对大学生进行免费培训等活动，从而使更多的人对滑雪运动产生兴趣。

综上可见，虽然哈尔滨市在滑雪场的数量上逐渐增多，在国内滑雪市场上占有一定地位，但滑雪旅游产业所面临的竞争日益突出，相应对滑雪场的经营和地方的经济发展都会带来压力。必须意识到，哈尔滨滑雪旅游产业链发展还不完善，滑雪场整体竞争存在劣势，滑雪教练员人才稀缺，滑雪旅游产业发展缺乏市场支撑和人才培养导向，在发展的新机遇、新动力方面准备不足，特别是滑雪旅游产业没能形成相应的科学发展引导，从而使许多部门对滑雪场地盲目建设、开发，没有正确地认识、理解滑雪旅游产业的发展，造成了哈尔滨市滑雪旅游产品雷同化，在市场竞争中没有竞争优势，使已有的经营无法得到最大化的利润回报，无法有效抓住当前滑雪旅游市场的新机遇。

第四节　黑龙江省冰雪体育旅游产业发展策略研究

一、黑龙江省发展冰雪体育旅游产业的优势

(一) 黑龙江省自然资源和场地优势

黑龙江省山地面积占到了总面积的一半以上，非常具有地域特色的大小兴安岭和完达山等都在黑龙江的区域范围内，并拥有海拔超过 1000 米的山峰 100 多座。冬季，山地地区的雪期长，降雪量大，加上山地地处郊外，距离市区较远，所以区域内的自然景观保存非常

好，雪景没有受到破坏和污染，雪质好，坡度适宜，非常适合冰雪体育旅游项目的开发。黑龙江省由于地理位置和特殊地形的优势，每年适合冰雪体育旅游的时间长达四个月。

黑龙江省充分利用自身在发展冰雪体育旅游产业方面的自然优势。现阶段，黑龙江省内滑雪场有 100 多家，著名的亚布力滑雪场等美名远扬。并且，滑雪场内部的配套设施非常现代化，处于行业一流水准。省内绝大多数的滑雪场内部都有压雪机和雪地摩托等设备，配套的滑雪用具非常齐全。省内雪道超过了 200 条，现代化的拖拽式索道和吊椅式雪道占比超 95%。与此同时，近年来，黑龙江省还非常重视冰雪旅游产品的开发。并且，以冰雪体育旅游项目为带动点，黑龙江的区域经济也得到了迅速发展，形成了独具黑龙江特色的产业经济模式。可见，黑龙江在发展冰雪体育旅游产业方面有着自然资源优势和场地优势。

(二) 北京冬奥会带给黑龙江省冰雪体育旅游产业的机遇

为了成功举办 2022 年的北京冬奥会，国家制定了很多有利政策来推动相关产业的发展。同时，全国也掀起了冰雪体育旅游热。冰雪体育旅游产业的发展进入了一个新的阶段。在北京冬奥会所带来的宣传效应和政策效益的基础上，黑龙江省借助自身冰雪体育旅游品牌，将冰雪旅游产业和其他产业的发展形成联动，形成以第三产业为主体的产业集群模式。第三产业的发展对第一和第二产业的发展产生带动作用，形成服务于冰雪体育旅游的产业链集群。在北京冬奥会的影响下，冰雪体育旅游产业链的辐射能力逐渐增强，所产生的经济推动力也逐渐增大，越来越能发挥以点带面的经济效应。且北京冬奥会的影响范围并不单纯地局限在冰雪体育赛事上，还会涉及文化（人们对于冰雪体育项目的认识和普及）、经济（由此而来的联动经济增长）、科技（相关产业科学技术的进步）等方面，并且会在很长一段时间内发挥较深的影响力。

二、黑龙江省发展冰雪体育旅游产业的劣势

(一) 冰雪体育旅游产业的行业竞争激烈

黑龙江省冰雪体育旅游在国内有一定知名度。但是，华北地区相比黑龙江地区交通便利，相关产业发展政策上的优惠力度也更大。例如，为了支持北京冬奥会的举办，河北地区出台了一系列的相关产业的扶持和优惠政策。黑龙江省地处东北地区，冬季气温较低，长期的低温加上较长的雪期，可能会使交通受到影响，致使黑龙江地区经常出现因长时间降雪和结冰造成道路停运的情况。相比之下，河北省的交通就相对便利。河北承接了北京冬奥会的张家口赛区的赛事，从辐射影响上来讲，河北也具有发展冰雪体育旅游产业的条件。

(二) 黑龙江省冰雪资源的开发相对 "粗犷"

黑龙江省在冰雪体育旅游方面的基础配套相对比较完善，但是冰雪体育旅游产业整体发展意识不足，冰雪体育旅游产业的发展局限性相对明显，辐射能力不足。黑龙江省的冰雪体育旅游在文化、经济等方面的渗透和辐射深度不足，均衡度不够。例如，黑龙江省的很多冰雪体育项目千篇一律，特色不足，定位不明确，吸引力有限。简而言之，就是黑龙江省冰雪体育旅游产业的带动力不强，且没有形成全域型的旅游产业发展意识，很多分散的旅游资源没有得到充分的开发和利用，造成了资源的浪费。同时，黑龙江省的冰雪体育旅游在国内相对有名，但是国际化知名度不高，还需进一步打造和完善冰雪体育旅游品牌的知名度。

（三）缺乏专业的冰雪体育旅游产业人才

黑龙江省只有很有名的滑雪场才会聘请一些专业的教练员和管理团队进行技术辅导和管理操作。其他的一些滑雪场大多都是由本地有一定滑雪经验的人员负责培训和教练工作。甚至，到了旅游的旺季，由于专业人员缺乏，很多没有经过专业培训的人员也会直接上岗，人们在滑雪场内所享受的服务和安全体验非常有限，在一定程度上影响了黑龙江省冰雪体育旅游业的声誉。既然很多地方都可以进行滑雪和冰雪旅游，人们自然会选择服务相对专业、周到的地方。所以，单纯地追求经济利益，而忽视产业发展的专业性和服务性，将会非常不利于黑龙江省冰雪体育旅游产业的发展。

（四）服务水平和质量相对较低

服务水平的优劣直接关系到游客参加冰雪运动过程中的安全与否，直接影响黑龙江省冰雪体育旅游产业发展进程，因此，为保障游客的安全需要，教练员或者专业人士在游客进行冰雪体育活动时进行全程陪同。游客只有在专业人士的指导下，接受从装备穿戴到运动技能的全面培训，才能在体验冰雪运动时有充分保障。目前，黑龙江省冰雪产业的宏观经济发展及相关的冰雪产业发展之间存在矛盾，由于冰雪服务设施不完善，加之产业经济不发达，没有形成综合的服务体系，从而导致冰雪运动中服务水平不高，降低了游客在参与冰雪运动过程中的体验感，不利于冰雪体育旅游产业的发展。

（五）文化内涵挖掘不足

在 2022 年北京冬奥会的大背景下，冰雪运动带动了冰雪产业的发展，丰富了冰雪体育旅游的特色，促进了冰雪体育文化的传承与发展，带动了旅游业经济高效发展，彰显了冰雪体育独特的文化魅力，提升了黑龙江省冰雪体育旅游产业文化内涵。然而，黑龙江省冰雪体育旅游产业发展过程中，由于发展理念滞后，部分行业更注重短期经济效益，对冰雪文化资源的挖掘重视程度不够，以致冰雪体育旅游产业的服务质量不高和产品生产模式过于简化。

三、黑龙江冰雪体育旅游产业发展的有效策略

（一）充分发挥自身地域性的旅游资源优势

现阶段，黑龙江省已经初步形成了具有自身独特优势的冰雪体育旅游产业。黑龙江的冰爬犁和冰嬉等冰雪项目非常受欢迎。可见，将冰雪体育项目与民族特色文化相融合形成的独有的冰雪文化是一个不错的发展方向。现在黑龙江地区的冰雪体育旅游项目多是以各种滑雪场为主，可以有意识地将东北地区的传统文化内容与冰雪体育项目相融合，开发具有民俗特点的新型冰雪体育活动和项目，逐渐打造自己的特色和亮点，同时，这也有利于黑龙江地区冰雪体育旅游文化的可持续发展。历史和地区特色文化与冰雪体育项目的结合，会让黑龙江省原有的冰雪体育旅游产业的深意更浓，逐渐形成自己的品牌文化内涵。

另外，基于自身冰雪体育旅游产业发展现状，黑龙江省应该在旅游服务的质量上下功夫。一方面，可以推动冰雪体育旅游与冰雪文化、冰雪体育的结合，形成具有一定文化内涵和具有一定辐射影响力的产业集群。另一方面，能够帮助游客更深刻、正确地理解黑龙江省的冰雪体育旅游文化。并且，亲身参与和互动也能更好地满足游客需求，提升游客对于黑龙

江冰雪体育旅游的印象，起到更好的形象宣传作用。

（二）借助互联网做好宣传，挖掘隐性客户

随着社会的进步和互联网的发展，新型的宣传媒介如雨后春笋般涌现出来。"互联网＋"影响着各行各业。黑龙江省的冰雪体育旅游产业也可以借助新媒体实现更广泛的宣传和传播。黑龙江省北部地区相对比较偏远，交通能力有限，其冰雪旅游特色鲜有人知，借助"互联网＋"，能通过网络让更多的人知道黑龙江省特色的冰雪体育旅游项目，加深对黑龙江地区冰雪体育旅游的认识，从而吸引更多的游客来到黑龙江，感受冰雪体育旅游。例如，借助当前的一些新媒介手段，可以将黑龙江省的自然特色和冰雪体育旅游特色以短片的形式进行呈现，使人们既可以足不出户感受美景，又可以在网络平台上实现自由互动和交流。以此提升黑龙江冰雪体育旅游产业的知名度，刺激更多的人重新认识黑龙江，到黑龙江省旅游。

从地理位置上来看，黑龙江省不仅可以发展国内旅游，同时也可以发展国际旅游。黑龙江省与俄罗斯、日本、韩国等国距离较近，借助互联网的优势，黑龙江省可以有效实现国内和国际的旅游客户拓展。一方面，重视政府网站的打造，在政府网站开通专门的模块进行黑龙江省冰雪体育旅游产业的宣传和介绍，做好品牌的宣传营销。另一方面，有意识地与新闻媒体合作，借助新闻媒体传播黑龙江省冰雪体育旅游文化和项目。例如，制作专业的旅游宣传片和旅游节目等，帮助人们更深刻地认识黑龙江省冰雪体育旅游文化，吸引更多的国际和国内旅客来到黑龙江省，感受冰雪体育旅游的魅力。

（三）加强资源整合和升级

黑龙江省冰雪旅游业的创新发展不仅取决于良好的地理和气候条件，也取决于良好的基础设施和相关政策支持，还要有意识地借鉴国外先进的经验进行创新，推动冰雪体育旅游产业的升级和整合。一方面，资源整合是冰雪体育旅游产业经济发展的强大内在动力，以国内外资源融合的优秀经验为参考，进一步促进黑龙江省整体发展、资源整合和效率提升。通过资源整合，形成设施完善、功能齐全、服务配套的经济发展环境，推动黑龙江省经济的发展。树立人才是第一资源的观念，强化人才成本意识，通过人力资源开发和人才资源的合理利用，激活黑龙江省经济发展原动力。另一方面，加强资源一体化和丰富旅游产品。深化旅游业资源，提高产品质量，建立特色制度。要加快景区建设，重点开发黑龙江省自然风光、历史文化、民俗风情等旅游资源，重点在留住游客上做文章，研究游客需求、塑造特定资源、开发新的旅游产品，使资源整合力度最大化。

除此之外，还要加强与体育职能部门的合作与交流。将旅游与体育更好地结合起来，以冰雪体育带动冰雪旅游，以冰雪旅游带动整个产业链的联动，扩大经济效益的覆盖范围，形成规模化的冰雪体育旅游产业。

（四）提升冰雪体育旅游服务，做好专业人才培训

冰雪体育旅游项目体验活动中，好的服务更能够影响人、留住人。黑龙江省的冰雪体育旅游产业发展要培养大量的专业性强、素质高的教练人员、团队管理人员和服务工作人员。滑雪场要聘请专业的教练员和管理团队进行滑雪场内滑雪项目的指导和培训，既要给游客专业的技术指导，又要给游客高品质的旅游服务，提升游客的冰雪体育旅游体验，保障游客的安全。既要追求一定的经济效益，又要提供高质量的服务。

除了专业技能人才的培训和培养之外，结合对当前新媒体的选择和利用，黑龙江省冰雪体育旅游产业也需要引进和培养一些既具备旅游管理经验，又具备旅游行业新媒体宣传经验的综合型人才。在黑龙江省冰雪体育旅游的宣传和品牌打造上有所创新和突破，既实现民俗和地方文化与冰雪体育旅游项目的统合，打造黑龙江独特的冰雪文化，又利用现代化的技术和宣传媒介，展现黑龙江省冰雪体育项目的现代化和国际化，让更多的国内外旅游爱好者来到黑龙江，体验黑龙江的冰雪旅游文化和冰雪体育项目。

（四）引入市场竞争机制

市场竞争机制的引入对冰雪体育旅游业来说十分关键，为了给游客提供更好的冰雪体验，必须完善市场机制体系，开发具有吸引力的冰雪运动项目，不断给游客带来新的感受，更有效地吸引游客。要真正结合冰雪产业与体育旅游产业，创建特色旅游产业，并将其与当地文化充分结合，不断充实冰雪体育旅游业，促进黑龙江冰雪旅游产业可持续发展。要深化区域协作，以打造黑龙江省历史文化基地为契机，加强东北三省冰雪体育产品的推广、共享、市场拓展合作等，加快实施区域旅游一体化，拓展旅游市场，推动全省旅游企业做大做强，培育旅游龙头企业，着力引进省内外知名的旅游开发商。

（五）完善产业配套设施

旅游产业链对黑龙江省冰雪体育旅游产业的发展至关重要，它的完善可以促进旅游产业的发展，更好地服务游客，提高游客参与冰雪运动的体验感。在完善旅游产业链的过程中主动转变思维，站在游客的立场来思考产业链的发展模式。例如，一些大型冰雪运动场馆离城市中心较远，不便于游客前往参观，政府部门应加强产业配套优化服务功能，完善景区基础设施，加快旅游交通建设，重点建设旅游景区景点连接线，进一步完善道路、通信等景区配套基础设施。因地制宜地在景区增加冰雪体育旅游项目，使之与景区主题紧密相连。大力开发一批特色鲜明、附加值高的旅游商品，培育一批品质过硬、设计精良、特色鲜明、市场认可的旅游商品自主品牌，建设一批重点旅游区的游客集中购物场所，加大力度完善产业链条，促进冰雪体育旅游产业的可持续发展。

第八章 黑龙江省冰雪体育赛事产业发展研究

第一节 体育赛事产业概述

一、体育赛事产业的概念解读

(一) 体育赛事的属性

虽然体育赛事与特殊事件有着密切关系和许多共同的属性,但体育赛事有其自身的特点和要求。体育赛事的核心是体育竞技活动,从体育竞技活动的发端及其历史演进来看,体育竞技活动是简单地在基本的运动员个体或运动队和裁判员的参与下,完成有目的性的竞技较量。随着近代西方竞技活动的兴起和现代奥林匹克运动会等现代体育竞技活动的发展,以及社会、经济、政治、文化、科技等的发展,体育竞技活动受到非常之多和非常之大的影响,体育竞技活动过程变得复杂起来,体育运动竞赛活动的内涵和外延发生了很大变化。受到经济的影响和商业利益的驱动,市场营销在体育竞技活动中的地位与价值越发突出。在奥运会等大型体育赛事中,其体育竞技活动所涉及的事物范围很多、很广。

在对体育赛事进行定义时,同时考虑体育赛事与事件,特别是与特殊事件的关系时,必须考虑体育赛事目标和目的多样化的特点。体育赛事是特殊事件的子集,体育赛事与特殊事件存在密切关系并有许多共同之处,除了具有特殊事件的基本特点外,体育赛事还具有潜在的市场前景,共同的组织文化背景引导和联结参与者与观众,另外,规则、习俗和传统影响着体育赛事活动本身,存在着计划、组织、训练和降低风险等实施行为,并提供服务产品,要求有不同水平的管理者和不同参与者,如运作管理者、门票销售管理者、市场营销者、人事管理者、协调管理者、工程师、办公人员、媒体与公关协调员、供应商和零售商等进行团队工作。归纳起来,体育赛事有七种基本属性。

(1) 以运动竞赛为核心要素,提供竞赛产品和相关服务。

(2) 受竞赛规则、传统习俗和多种因素的影响。

(3) 不同的参与者有着目的和目标的多样性。

(4) 能够对外界环境产生冲击影响。

(5) 具有一次性的项目管理特征。

(6) 具有共同的组织文化背景。

(7) 具有潜在的市场运作前景。

(二) 体育赛事的定义

在对体育赛事的定义上,国内外专家学者观点不一,但是总体上都能诠释其内在的属性。在国外,学者们将体育赛事归属于特殊事件,认为体育赛事的目的是达到某些特定的效果或目标，或者是通过纪念一些特定的事件而精心设计并组织实施的表演或庆祝活动。在我国，有学者认为体育赛事是采用多种形式开展，借助运动本身经济效益或健身娱乐效果，以达到观赏价值的体育活动。有学者认为体育赛事是以较为完善的规则、竞赛方法及与竞赛章程有关的法律依据为依托的一种特殊过程，是目的性强且竞争性鲜明的实践活动。也有学者认为体育赛事是一种具有项目管理性的特殊事件，其规模和形式受竞赛规则、传统习俗和多种因素的制约，具有组织文化背景和市场潜力，提供竞赛产品和相关服务，迎合不同参与体分享经历的需求，达到多种目的与目标，对社会和文化、自然和环境、政治和经济、旅游等多个领域发生冲击影响，能够产生显著的社会效益、经济效益和综合效益。

综合以上专家学者的观点，体育赛事可被定义为受竞赛规则、外界环境、传统习俗等方面的制约，为人类提供竞赛产品和赛事服务，达到社会效益、经济效益和两者兼容效益效果并且满足人类的需求的特殊活动。

（三）体育赛事产业的定义

众所周知，体育赛事产业是体育产业的一个分支，而体育产业有广义和狭义之分，本书主要采用其狭义含义：体育产业是指体育服务业或者是体育事业中在市场中能够盈利的部分。体育赛事产业也称为体育竞赛产业、竞赛表演业、运动竞赛业。体育赛事产业定义也有狭义和广义之分，狭义的体育赛事产业主要针对某次具体的体育赛事进行投入产出分析。而广义的体育赛事产业涉及面较广、企业种类较多但又相互关联，针对体育赛事产业关联各个层面，在整个体育赛事产业链上进行全面系统的投入产出分析。从产业关联标准来看，由于体育赛事产业在体育产业中占据核心地位，其不仅为体育产业的中介产业和外围产业提供了广阔的市场，还促进了其他行业产业的快速发展，如保险业、旅游业等。体育赛事产业就是为体育赛事提供服务的经济活动的集合。

二、体育赛事产业的特点

（一）联动性

根据体育赛事联动性的特征，分析体育赛事产业特征，发现体育赛事产业同样具有联动性的特征。体育赛事产业发展过程中除了自身产业得以发展，同时也促进体育相关产业的发展，如体育旅游业、广告业、酒店餐饮业、交通业等。体育赛事的主要收入涉及面较广，基本涵盖了人们对体育赛事关注度的各个方面，另外体育赛事产业不仅产生经济效益，还会产生社会效益和综合效益。这些均体现了体育赛事产业的联动性。

（二）聚合性

体育赛事能够吸引观众、企业或商家、运动员等各方人员的关注，而在体育赛事开展期间，会出现人力、物力及财力在特定的时间段内向体育赛事举办地聚集的现象。

（1）人力聚集方面，观众的聚集既增加了赛事地区的知名度，又为体育赛事产业的推广提供了可能；运动员及体育赛事相关人员的聚集促进了运动员之间的交流，对运动员水平的提升有一定的促进作用。

（2）物力聚集方面，体育赛事的举办需要的相关体育器材，而相关体育器材又需要从各个地方汇集，这能够加大人们对体育器材的认知程度，从而有效地刺激人们对体育器材的消费。

（3）财力聚集方面，体育赛事的开展使体育赛事的收入渠道更加多元，体育赛事产业在短期内得到较高的收益。体育赛事一旦成熟，会促进体育赛事产业形成产业集群，形成较为系统的产业链。

体育赛事产业的聚合性有两面性。一方面是体育赛事的举办需要各种各样的必备条件，如前期的场地设施、比赛宣传等都需要大量的资金投入，从而为体育赛事的开展提供强有力的物质基础。企业或者商家通过对体育赛事的赞助提升自身的品牌效应；转播权出售、赛事标志的有形化产品为体育赛事产业带来了较大的商业价值；体育赛事举办对城市的影响力促进了城市对外来资金的引入，为体育赛事产业创造了经济收益，同时促进了其他产业的发展。另一方面是体育赛事举办过程中各商家或企业的侵权行为会严重影响赛事的开展，并极有可能降低人们对赛事的认可度，从而对体育赛事产业造成一定的负面影响。同时，对于大型的、具有持久影响力的体育赛事，易出现大批人群涌入赛事举办地的现象，造成赛事举办地负荷较重，进而可能带来较大的生态环境问题和社会治安问题。另外，赛事举办场地的重复使用率不高，维修保养费用较大，场馆闲置问题较为严重。因此，在体育赛事前期投入、后期赛事场地使用方面要慎重考虑，争取二者能够达到均衡。

（三）主导性

我国体育赛事产业主要是由政府主导、市场运作来完成，与其他产业有着很大的不同，政府在体育赛事产业中的主导地位不容忽视。就目前而言，如果政府部门不再对体育赛事产业进行主导，让体育赛事产业只由市场运作，那么体育赛事产业就不能很好地发展。我国体育赛事产业发展时间较短，政府需要逐渐进行权力下放，以使市场主体的影响力逐渐加大，进而最终达到体育赛事产业的平衡发展目标。随着体育赛事产业发展的逐渐成熟，体育赛事产业逐渐形成市场独立运作，政府适当监督的局面。

第二节 黑龙江省冰雪体育赛事产业发展现状及对策研究

一、黑龙江省冰雪体育赛事产业发展的现状

（一）黑龙江省冰雪体育赛事产业发展的优势

1. 冰雪资源

冰雪资源与其他资源不同，具有特殊的地域特征，对气候有较高要求，冰雪资源是开展冰雪体育运动、发展冰雪体育赛事的重要因素与条件。黑龙江省地处温带与中温带气候环境中，具有较好的冰雪资源。黑龙江省省会城市哈尔滨市又称冰城，在我国大城市中地理位置纬度较高、气温较低、气候寒冷，属于温带大陆性季风气候，冬长夏短，冬季降雪时间较长，天气寒冷干燥，有时会出现暴雪天气，降雪天数平均为 35 天，雪期为每年 11 月份至第二年的 1 月份，雪天数能达到 180 天之多，积雪深度能到 1.5 米，冬季平均气温约为 −19℃。黑龙江省是中国冰雪资源较好的省份，其丰富的冰雪资源，为冰雪体育赛事产业发展提供了环境基础。

2. 竞技体育实力雄厚

在冰雪体育运动中，花样滑冰项目颇受大众喜爱，其特点是滑冰者利用冰刀和身体动作

变换使滑冰与音乐、舞蹈相结合，花样滑冰技术动作复杂多变，表演形式多样，是对艺术的充分表达。

3. 群众基础较好

在北京冬奥会的契机下，"冰雪运动进校园"和"百万青少年上冰雪"等活动的推广，极大地发展了我国参与冰雪体育运动的人数，从而促进了冰雪体育运动的发展。尤其是黑龙江省哈尔滨市，在冬季寒冷的气候下，大众进行体育锻炼以参加滑雪、滑冰等项目为主，公园、校园等地随处可见滑冰人群的身影。以哈尔滨帽儿山滑雪场等为核心的大型滑雪场地游客日渐增多，大众对于参加冰雪体育运动的热情高涨。目前，黑龙江省已经在短道速滑等冰雪项目上人才济济，同时，在冰雪体育运动氛围高涨的情况下，还会出现更多冰雪体育运动人才，在冰雪体育赛事中势必会作出更多贡献。

4. 文化底蕴深厚

黑龙江省是拥有多个少数民族的省份，不同民族行为习惯的不同使黑龙江省形成了多民族文化融合的冰雪文化，哈尔滨市作为黑龙江省的省会城市，是展示多民族冰雪文化的重要阵地。哈尔滨市已数年成功举办冰雪大世界、雪雕博览会等冰雪展览活动。其冰灯、雪雕等作品的规模和艺术水平令人叹为观止。也正是哈尔滨具有的冰雪特色历史资源和深厚的文化底蕴，为其冰雪体育赛事产业的发展夯实了基础。

（二）黑龙江省冰雪体育赛事产业发展的劣势

1. 冰雪体育赛事品牌影响力较弱

首先，冰雪体育赛事的要素不完整，内容不丰富，缺乏创新。冰雪体育赛事的要素不完整，导致观众对赛事文化、赛事理念了解不够，冰雪体育赛事推广难以形成合力。

其次，冰雪体育赛事的情感性不足。缺乏精确定位，使消费者对赛事印象模糊，降低了部分冰雪群体对冰雪体育赛事的热忱。

最后，冰雪体育赛事的影响力较弱。传统的宣传方式限制了消费者了解赛事的渠道，缺乏对微信等新型媒体的优势传播方式的运用，难以与消费者产生有效的接触与互动。

2. 冰雪体育赛事运营管理较差

黑龙江省冰雪体育赛事产业发展需要长期的过程，需要各个领域、多个部门之间的共同参与、协调配合。目前，黑龙江省在冰雪体育赛事的运营上存在诸多问题。例如，体育赛事管理部门之间缺乏合作，管理模式老化僵硬，创新不足。在资金等方面的投入与支持力度不够。在运营管理上缺乏行业标准与管理规范，配套设施不完善，专业技术人员与管理人员缺乏，没有形成系统的人才体系，使冰雪体育赛事产业的发展遇到瓶颈。

3. 体育场馆设施条件有待加强

与其他运动项目不同，冰雪体育项目如冰球、高山滑雪、自由式滑雪、单板滑雪等运动对场地、设施条件有较高要求，举办冰雪体育赛事对基础设施条件要求则更高，需要定期维护冰雪场馆，安保措施应该足够稳定，在交通、住宿、餐饮等方面也应该足够完善。目前，哈尔滨市交通不够通畅，冰雪基础设施仍属于低端供给阶段。部分冰雪体育用品制造业属于"小众产业"，缺乏自我研发创新能力，科技含量低，造雪机、压雪机等大型滑雪设备多依赖于进口。在冰雪装备上，高端产品市场被欧美企业垄断，中低端产品被日韩企业垄断。基础设施等条件的不完善，影响了黑龙江省冰雪体育赛事产业的发展。

（三）黑龙江省冰雪体育赛事产业发展的机遇

1. 政策环境优势

简政放权、放管结合，取消商业性和群众性体育赛事审批，放宽赛事转播权限制，最大限度为企业"松绑"。推进职业体育改革，鼓励发展职业联盟，让各种体育资源"活"起来，适应群众多样化、个性化健身需求。这一政策的实施，极大地推动了体育赛事的发展。

2020 年 9 月 23 日，《黑龙江省人民政府办公厅关于推进体育强省建设的实施意见》文件中提出要发展校园冰雪运动，举办全省学生冬季运动会和冰雪项目 U 型场地系列赛事。在中小学校开展冰雪运动知识教育，让每名学生初步掌握 1 项冰雪体育技能。积极申办、承办国际、国内体育赛事，打造具有黑龙江特色的精品赛事。深化体育领域"放管服"改革，精简行政审批事项，加强对体育赛事、体育经营活动的事中事后监管。加大体育执法力度，建立完善部门联合检查机制。这一文件的发布，为黑龙江省冰雪体育赛事产业发展提供了不竭动力。

2. 人们日益增长的多元化体育运动需求

中国特色社会主义进入新时代，我国社会的主要矛盾已经转化为人民日益增长的美好生活需要和不平衡不充分的发展之间的矛盾。人民生活逐渐改善，人民群众的需要呈现多样化、多元化的特点，对美好生活的向往更加强烈，更注重精神文化生活。体育运动能较好地满足人民群众的精神需求，而丰富多样的冰雪体育运动，如高山滑雪，可以让人远离城市的喧闹与污染，置身于高山峻岭的林海雪原中，有利于消除工作和生活中的劳累和烦恼，有利于身心健康。在自由式滑雪赛事中，比赛场地小，便于观看，整个项目集滑行、飞跃、舞蹈于一体，给人以美的享受。丰富的冰雪体育运动项目，能够使人们在参与和观看的过程中更好地满足日益增长的多元化体育运动需求。

3. 北京冬奥会助力冰雪运动发展

2022 年北京冬奥会的成功举办，使得全世界将目光聚焦中国，为中国冰雪体育事业的发展搭建了拥有多边对话机制的互动平台，扩大了中国冰雪体育的国际影响力。黑龙江省以北京冬奥会为契机，以冰雪资源为依托，以冰雪体育赛事为载体，进一步挖掘独具一格的冰雪文化，科学整合冰雪资源，提升黑龙江省冰雪体育赛事品牌价值，促进黑龙江省冰雪体育赛事产业发展。

（四）黑龙江省冰雪体育赛事产业发展的挑战

1. 来自其他省份的挑战

《2021－2022 中国滑雪产业白皮书》显示，2021－2022 年新疆维吾尔自治区、河北省、吉林省等在滑雪场地的数量上均有增长（表 8-1），其滑雪场地数量与黑龙江省之间的差距进一步缩小，但黑龙江省滑雪场地数量并未增长。同时，在"南展西扩东进"等战略支持下，南方城市积极开展冰雪体育活动。北京冬奥会的遗产也使得北京—延庆—张家口一带形成了各自冰雪体育赛事产业的附加价值，这些都为黑龙江省冰雪体育赛事产业发展带来巨大挑战。

表 8-1 中国滑雪场地数量分布（部分）

排序	省份	2020—2021年 运营雪场数（家）	2021—2022年 运营雪场数（家）	新增 运营雪场数（家）
1	黑龙江省	94	79	0
2	新疆维吾尔自治区	65	65	2
3	河北省	65	63	1
4	山东省	63	61	0
5	山西省	49	49	0
6	河南省	43	43	0
7	吉林省	40	41	1
8	内蒙古自治区	39	39	1
9	辽宁省	37	34	0
10	陕西省	29	29	1

注：数据来源《2021—2022中国滑雪产业白皮书》。

2. 不良事件的影响

在体育赛事的推进过程中，餐饮、住宿等体育产业的发展同样重要。随着冰雪体育赛事的举办，黑龙江省冰雪体育产业的影响力逐步扩大，在经营过程中难免会出现不良事件，如哈尔滨的"天价鱼"事件等。此类事件发生后在网上迅速发酵，有损"冰城"良好的形象，对于黑龙江省的冰雪体育产业的发展，产生巨大影响。

二、黑龙江省冰雪体育赛事产业发展的对策

（一）加大政府重视与扶持力度

冰雪体育赛事的举办是一项复杂的工程，需要将冰雪体育赛事的发展融入城市的发展中去。政府部门作为主要的利益相关者，应该在赛事举办的全程中起到关键作用。

第一，政府部门应该认清黑龙江省冰雪特色环境的地域优势，加大政府的重视与扶持力度。在赛事准备期，政府部门要起规范作用，制定相应的规章制度促进赛事良好的运营，避免不良事件的发生，树立黑龙江省冰雪体育赛事品牌，扩大赛事影响力。

第二，加大力度扶持冰雪装备制造业，完善场馆的配套设施，升级冰雪体育场馆。在赛事举办期，要提供交通、安保等方面的支持。加大政府的扶持力度与重视程度，激发黑龙江省繁荣的冰雪运动活力，促进黑龙江省冰雪体育赛事产业的发展。

（二）树立冰雪体育赛事品牌，扩大影响力

消费者对品牌的记忆建立在符号感知基础上，是对相关体育赛事产生的深刻感受与体验。由记忆加工水平理论可知，建立黑龙江省冰雪体育赛事的品牌价值，要使消费者产生与黑龙江省体育赛事品牌对应的现实情境。因此，要发展黑龙江省冰雪体育赛事产业，就要树立黑龙江省特色的冰雪体育赛事品牌形象。推进冰雪体育赛事与地域特色的深度融合，加快场馆的艺术设计与布局，将体育场馆建设与黑龙江省人文文化相结合。增加消费者的高品质

体验感，将冰雪体育场馆与人工智能等科技结合，提升冰雪体育赛事发展的专业度。同时，通过微信、抖音等互联网平台与 App，加大宣传推广方式，做好宣传工作。加强黑龙江省冰雪体育明星运动员参与赛事宣传的工作，借鉴其他热门项目培育大量冰雪体育爱好者，增加人气。

（三）提高冰雪体育赛事运营与管理

冰雪体育赛事中的运营与管理两方面构成了两大重要系统，主导着冰雪体育赛事的发展命脉。冰雪体育赛事的运营工作是维持冰雪体育赛事所有方面的连接点，冰雪体育赛事的管理工作贯穿着冰雪体育赛事的整体过程，包括安全管理工作、基础工程等。黑龙江省哈尔滨市曾经多次举办大型国际体育赛事，如亚洲冬季运动会、第二十四届世界大学生冬季运动会、冬季铁人三项世界杯等。这些冰雪体育赛事运营管理经验值得借鉴，但是要发展黑龙江省冰雪体育赛事产业还需要对管理理念和手段不断改进与优化。要搭建融合黑龙江省民族文化特色的赛事运营管理办法，深化"放管服"改革。加大市场运营力度，简化运营手续，在已有运营经验基础上，结合自身实际和优势，进一步完善与提高运营与管理系统。

（四）推动冰雪装备制造业发展，升级体育场馆设施

比赛设施的一流水平是体育赛事成功举办的前提。当前哈尔滨市部分冰雪体育场馆设施依赖进口，造雪机等大型装备存在短缺现象。要想发展黑龙江省冰雪体育赛事产业，就要大力培育自主品牌，提高创新能力，掌握冰雪装备制造产业核心技术，结合黑龙江省文化特点，发展特色品牌，打破其他国家垄断局面。政府在政策上要给予优惠，通过资助、免税等形式扶持冰雪装备制造业、装备业，打造冰雪运动装备产业园，培养与壮大一批如国际冰雪装备有限公司（"黑龙冰刀"）等的本土企业。推动黑龙江省装备制造业发展，升级体育场馆设施，为体育赛事的顺利进行做好保障工作。

（五）加大培养冰雪运动后备人才力度

人才是体育赛事发展的内在动力，举办冰雪体育赛事、建设冰雪体育赛事之都，需要大量冰雪体育人才。在冰雪运动装备层面，需要培养冰雪产业复合型人才，攻克、掌握冰雪产业核心技术。在冰雪体育赛事管理人才层面，需要培养能够解决处理各类突发情况，宏观上把握赛事动向的人才。在冰雪体育赛事运营人才层面，需要培养能够保障赛事顺利进行的人才。在青少年冰雪运动人才培养方面，应该采取"体教融合"的方式。例如黑龙江省哈尔滨冰雪运动学校采取"体教结合"的方式，由黑龙江省体育局、哈尔滨市教育局联合创办，范围为九年义务教育。课程设置以冰雪项目为主，教学方式为学训结合，哈尔滨市教育局负责文化教育，黑龙江省体育局负责专项训练，实现了文化知识与体育技能同步发展。哈尔滨市应该以哈尔滨冰雪运动学校为样板，在此基础上深化冰雪体育运动的"体教融合"，加大冰雪运动后备人才培养力度。同时，政府部门应该设立冰雪运动教育专项资金，为培养冰雪人才提供保障。

（六）规范监管，避免不良事件的刺激

体育赛事的运营中很容易出现异化现象，部分赛事中可能会出现贿赂、黑哨等问题，因此，各级体育行政部门陆续出台相应规章制度，颇有成效。所以，在黑龙江省举办冰雪体育

赛事时相关部门应该引以为鉴，要规范管理，加大监督力度，避免产生不良事件影响社会大众对冰雪体育赛事的信任，维护冰雪体育赛事在消费者心中的形象，为发展黑龙江省冰雪体育赛事产业扫除障碍。

第三节　黑龙江省城市社区冰雪体育赛事活动建设发展研究

我国的《"十四五"体育发展规划》，是国家体育总局为适应新的历史时期社会发展需求而制定的体育事业未来发展计划及预期目标。该发展规划的颁布，不仅为我国体育事业的发展指明了方向，同时也进一步明晰了我国体育工作的具体目标和责任。针对新时期我国社会发展的特点，我国在《"十四五"体育发展规划》中，明确了不同类型的工作任务和发展目标。其中，全国社区运动会品牌赛事活动打造工程这一规划目标尤为显著。全社区运动会品牌赛事活动打造，就是鼓励各地社区广泛开展群众性体育赛事活动，提高社会体育的服务与供给能力，满足人民群众在社区空间的高质量体育活动需求。国家之所以非常重视社区体育赛事活动的建设发展，一方面，源于社区已经成为当前我国社会有机体最基本的组成，不仅是人们基本生活的空间，同时也具备了政治、经济、文化、教育、服务等多方面的功能，是新时代开展全民健身的基石。另一方面，在于不断推进社区体育服务不仅是促进社会和谐发展、满足民众对体育物质文化和精神文化高质量需求、增进社会幸福感的重要目标，同时也是新时期我国全面建成小康社会、建成社会主义现代化体育强国的重要内容。冰雪运动作为北方地区社区冬季重要的体育活动内容，要满足新时期社区民众的高质量、多元化需求，就需要不断提升体育赛事活动的建设水平，不断满足社区民众对冰雪体育文化、冬季健身的需求。基于此，以我国《"十四五"体育发展规划》为导向，对黑龙江省城市社区冰雪体育赛事活动建设展开系统研究，明晰当前存在的问题并提出有针对性的发展策略，以提升黑龙江省城市社区冰雪体育赛事活动水平，助力黑龙江省冰雪体育赛事产业发展。

一、黑龙江省城市社区冰雪体育赛事活动建设的不利因素

（一）社区居民参与性不足

社区居民是社区冰雪体育赛事活动的主体，是社区体育的服务对象。要满足社区民众对冰雪运动的多样化、高质量需求，就需要推动社区居民更多地参与到冰雪体育赛事活动之中。但目前社区居民参与冰雪体育赛事活动的主动性并不明显，究其原因主要在于居民运动技能缺失明显、赛事信息告知不畅和居民需求目标多样。其中，赛事信息告知不畅导致很多社区居民无法及时了解赛事活动，致使一些社区居民错失了参加比赛的机会，让本来是增加社区居民冬季活动的好事，变成了社区居民对社区管理不满的矛盾源。

（二）主管、主办单位对冰雪体育赛事活动管控能力较弱

冰雪体育赛事活动高水平的管控能力，不仅是冰雪体育赛事活动成功举行的主要标志，同时也是保障参赛人员享受赛事过程的重要体现。黑龙江省城市社区虽然有组织冰雪体育赛事活动的经历，但近年来随着社区参赛民众的不断增多、赛事规模的不断扩大，主管、主办单位对赛事活动管控能力较弱的问题逐渐凸显出来，究其原因主要在于举办冰雪体育赛事经验不足、缺乏促进城市发展的长期规划等。

举办冰雪体育赛事活动经验不足。社区冰雪体育赛事活动一般由社区管理人员组织开展，但这些社区管理人员由于缺乏组织管理冰雪体育赛事的相关经验，使得活动在开展过程中存在组织混乱、规则把控不严、突发情况处理能力不足的问题。这不仅会造成参赛者之间的纷争，同时也影响了赛事活动开展的整体成效，给参赛居民留下了不好的活动印象。

赛事发展缺乏规划。开展社区冰雪体育赛事活动，虽然是社区体育工作的重要内容，但如何开展冰雪体育赛事活动、如何有效地满足社区居民的需求，很多社区管理者并没有明确的认知，仅是依据有限的社区居民调研和开展传统赛事活动。这种缺乏规划的社区冰雪体育赛事活动，不仅难以有效地促进社区居民冰雪运动技能发展，同时也难以实现冰雪运动的社会供给惠民服务。

（三）冰雪体育赛事活动内容供给水平不高

多样性的冰雪体育赛事活动内容，既是满足社区居民多元化需求，又是不断提升公共体育服务供给质量的重要体现。当前，黑龙江省城市社区冰雪体育赛事活动内容之所以难以满足社区居民的需求，其主要原因在于冰雪体育赛事活动内容陈旧、赛事活动方式单一、赛事活动缺乏创新性。

第一，赛事活动内容陈旧。当前，社区冰雪体育赛事活动内容一般有冰橇、速度滑冰、冰壶、抽冰猴、雪橇等。这些活动内容虽然具有良好的大众普及性，但随着冰蹴球、雪地足球、雪地手球等新型大众冰雪运动方式的出现，社区民众已不满足于现有的活动内容，居民对新型冰雪活动内容的需求呈现日渐高涨的态势。

第二，赛事活动方式单一。目前社区冰雪体育赛事活动方式，一般以冰橇竞速、速度滑冰竞速、雪橇竞速和冰壶投掷得分等为主。这种竞速类和投掷得分的冰雪运动方式，虽然简单且易于操作和评判，但长此以往，其单一的活动方式难以吸引居民参与。

第三，赛事活动缺乏创新性。当前，黑龙江省城市各社区冰雪体育赛事活动开展内容和形式大致相同，这些同质化的活动方式不仅缺乏应有的区域或社区特色、让社区居民逐渐失去对冰雪体育赛事活动的新奇感，也难以契合社区居民不断增长的对高质量冰雪体育服务的需求。

（四）相关主管部门联动不强

社区冰雪体育赛事活动的开展，不仅是社区管理者的责任，同时也是社会体育组织、政府体育工作部门和社区管理部门的责任。我国社区体育活动的开展要依据国家公共体育服务的政策和要求进行，并接受体育工作部门和社区管理部门的共同监管；体育工作部门和社区管理部门要为社区体育活动的开展给予一定的经费支持，而社会体育组织则要为社区体育赛事活动的开展提供专业人才支持和技术指导。要实现社区冰雪体育赛事活动高质量开展，不仅需要上述部门给予大力支持，还需要各部门共同协作。但从目前社区冰雪体育赛事活动的发展现状来看，其开展过程中相关主管部门支持联动并不强。

相关主管部门协作能力不足。在现有的管理体制中，虽然各部门都负有监管的责任，但由于缺乏明确的责任分工，以至于各部门不能很好地对冰雪体育赛事活动的开展方案、开展过程、开展规模和开展频次进行有效监督与指导，造成社区冰雪体育赛事活动的开展质量良莠不齐，社区民众满意度相对不高。

相关部门支持力度不够。社区冰雪体育赛事活动的开展不仅需要良好的场地设施、运动器材和高水平的社会体育指导人员，还需要一定的经费支持才能保障赛事活动高质量、可持续地发展与建设。但目前各部门对社区冰雪体育赛事活动所需的人力、物力和财力支持都较为有限。这不仅制约了赛事活动开展的规模与频次，同时也难以形成良好的社会影响力，限制了冰雪体育赛事活动的全民参与。

二、黑龙江省城市社区冰雪体育赛事活动建设发展对策

（一）提高社区居民冰雪运动科学指导水平

1. 建立健全社区冰雪体育指导服务体系

城市社区居民冰雪运动技能的缺失，是制约社区居民参与冰雪体育赛事活动的主要因素，只有提高社区居民的冰雪运动能力和认知，才能解决居民冰雪体育赛事活动参与度不足的问题。而建立健全社区冰雪体育指导服务体系，就是对社区居民冰雪运动技能的培养和冰雪运动认知的培育纳入一个有序的、可持续的发展体系中。通过聘请社会体育指导员和冰雪运动专业人员，定期为社区居民开展冰雪运动技能训练指导、冰雪运动知识讲座等培训活动，提高社区居民的冰雪运动能力，提升社区居民参与冰雪体育赛事活动的自信心和积极性。

2. 提高社区冰雪体育赛事活动的宣传力度

要提升社区居民对冰雪体育赛事活动的了解和认知，不仅需要通过社区微信群、物业服务站和小区公告栏等方式宣传，反复向社区居民讲解赛事的组织形式与活动过程，还要在社区内营造冰雪体育赛事活动开展的氛围，以线下线上相结合的赛事宣传，引发社区居民的广泛关注，在强化社区居民对冰雪体育赛事活动更加深入认知的同时，进一步提升社区居民的冰雪体育赛事的参赛积极性。

（二）提升社区冰雪体育赛事举办能力

1. 安排专人负责社区冰雪体育赛事活动工作

安排专人负责，一方面，可以提高赛事活动组织的专门性和可持续发展性，消除因赛事活动组织管理人员频繁更换而造成的管控能力不足的问题；另一方面，也可以借助工作人员与社区居民的相互熟识的优势，增进社区居民对赛事活动组织管理的可信度，为活动的顺利开展奠定良好的社群关系。

2. 健全社区冰雪体育赛事活动发展规划

健全社区冰雪体育赛事活动发展规划，明确社区的冰雪体育赛事活动发展目标与具体步骤，规范赛事活动的标准与规则。一方面，可以更好地通过赛事活动满足社区居民对高质量冰雪运动的需求；另一方面，也可以有利于提升冰雪体育赛事活动的社会影响力和竞争力，提升社区各群体的参与力度，更好地实现冰雪运动社会供给惠民服务。

3. 定期培训赛事组织人员，提高赛事组织与管理能力

高水平的社区冰雪体育赛事的组织者和管理人员，是高水平服务供给能力的重要保障。通过定期培训赛事组织人员，一方面，可以解决组织、管理人员对于赛事规则制定和赛事运行过程中遇到的难题，丰富组织者和管理人员的赛事管理知识与经验，提高赛事活动的组织与管理能力；另一方面，可以令组织者和管理人员开阔眼界、了解新的赛事组织形式和活动方式，为不断优化组织管理奠定基础。

（三）丰富冰雪体育赛事活动内容、创新赛事形式

社区冰雪体育赛事活动的开展宗旨，不仅要满足大众不断增长的对冰雪运动高质量的物质文化和精神文化需求，同时也要促进居民的身心健康发展，并助力我国冰雪运动产业与黑龙江省区域经济的发展。当前，我国城市社区居民冰雪运动技能整体水平还不够高，需要赛事活动的组织者在活动内容的设立上，既不能全盘采用竞技运动的方式，也不能过于游戏化而失去发展运动技能、促进身心健康的目标。需要通过开展创新、适宜的冰雪运动方式，满足社区民众多样化的需求和实现促进居民身心健康发展的社会功能。

1. 丰富冰雪运动的内容

社区应在现有冰雪运动的基础上，通过培训帮助社区居民掌握更多的冰雪运动技能，如帮助居民掌握冰球、花样滑冰、冰壶、雪地足球、雪地手球等冰雪运动技能，这样既能丰富冰雪体育社会服务的供给，又有利于丰富社区冰雪体育赛事的活动内容。

2. 探索开展民族传统冰雪运动

民族传统冰雪运动作为我国优秀传统文化，应积极纳入社区冰雪体育赛事活动之中。一方面，可以促进社区居民对我国民族传统冰雪运动的认知，在丰富冰雪运动方式的同时，为社区居民探索美好生活提供有益启迪；另一方面，可以更好地弘扬我国民族传统冰雪运动，实现民族传统冰雪运动的有效传承和可持续发展。

3. 结合社区条件创新活动方式

城市社区因为冰雪运动场地、器材、设施等因素的制约，在冰雪体育赛事活动开展中不可能全盘照搬竞技比赛方式或游戏活动方式，这就需要赛事活动的组织者和管理者要因地制宜地创新冰雪体育赛事活动方式。一方面，要使赛事活动更便于社区居民的参与；另一方面，要体现社区的地域特点和文化特色。

（四）强化主管部门联动支持

1. 建立健全各部门协同监管能力

社区冰雪体育赛事活动作为社会体育服务的重要内容，想要实现群众满意、强健身心、发展冰雪运动技能、培养后备人才、促进冰雪体育产业发展等社会功能，就需要社会体育组织、政府体育工作部门和社区管理部门的共同协作。针对当前各部门责任、分工不明确的现状，应加强各部门的协作联动、明确权责，并定期对赛事活动开展监督与指导，发现赛事活动开展中的不足即刻整改，为城市社区冰雪体育赛事活动的建设营造一个良好的发展环境，切实推进"三亿人参与冰雪运动"的落实。

2. 应明确人力、物力和财力支持细则

社区冰雪体育赛事活动的举办需要一定的人力、物力和财力，但目前各城市社区机构的人力、物力和财力尚不足以支持冰雪体育赛事活动的举行。这就要求相关主管部门应根据社区冰雪体育赛事活动的方案、规划、规模、频次等，给予人力、物力和财力上的扶持。让社区冰雪体育赛事活动既成为社区居民冬季参与冰雪运动的优质路径，也成为助力我国冰雪体育产业发展的重要内容。在不断提升社会影响力的同时，以优质的服务供给不断创造冰雪体育消费新场景。

第九章　黑龙江省冰雪体育休闲产业发展研究

第一节　体育休闲产业概述

一、休闲体育基本知识

(一) 休闲体育的概念

休闲体育是人们为了锻炼身体、保持愉悦心情而进行的一种体育活动，它也是一种休闲活动。从运动项目上而言，人们在日常生活中进行的跑步、羽毛球、游泳、网球、爬山、蹦极等都是休闲体育运动。而从运动对象方面而言，和竞技体育相比，休闲体育运动的活动对象更加广泛，不限能力、身份及年龄等。由此不难发现，休闲体育更加贴近群众生活。

(二) 休闲体育的特性

1. 极强的参与性和自发性

休闲体育是一种实践性极强的社会活动，它需要人们的亲身参与，需要人们在活动的过程中体验和获得某种感受，或者通过自身活动的结果来表达自己的观念和想法。没有亲身参与，人们就无法从休闲体育中得到那种所期的感受，也不能完整地表达自己。有人把观看体育竞赛和体育表演也纳入休闲体育的范畴，并把休闲体育分成参与型和观赏型两类。我们认为，观看或者观赏的方式属于文化性休闲的范畴，不能纳入休闲体育的范畴，因为这种方式无论怎么看都与观看或者观赏文艺表演，如杂技、大型综合性演出等没有多大的区别，尽管这些现代文艺演出中经常有演员与观众之间的互动，但我们始终不能认定这是观众在演出。因此，休闲体育应该是参与性的，是活动者亲身实践的过程。

休闲体育是人们在休闲时间内进行的一种自发性的身体活动。它完全是出于一种个体或某一群体真正的主体需求，是个人在可以自由支配的时间里进行的体育活动，没有任何强制、被动或非自愿成分。在休闲体育活动中，由于主体是自觉自愿的需要而参与，因此，休闲体育不仅直接满足身心发展的需要，而且其带来的良好的情绪体验会激励持久参与的积极性，并比较好地形成"需要—满足—更大需要—更大满足"的持续不断的良性循环。

2. 社会时尚性

在社会经济、文化高度发展的当前时代，参与休闲体育已经成为一种社会时尚。时尚性应该是休闲体育的一种较为典型的特征。人们参与体育休闲活动时的动机、目的、心态、情感等通常表现出舍勒贝格所表述的时尚的双重性。

按照舍勒贝格的理论分析，参与体育休闲活动的人们和休闲体育本身完全具有现代时尚的几个重要的双重性特征。例如，休闲体育并不在乎物质的和实际的东西，但又始终离不开那些具体的东西；人们对待休闲体育的态度也包括了积极参与和完全无所谓两种对立的情绪；人们总是想逃避责任却在休闲体育中不得不承担责任；等等。

时尚性是一种社会事物与社会发展的趋势和社会需求协调同一的表现，人们对体育的需求由于社会物质文明的发展而逐渐地强烈起来。一方面，青年人不仅是时尚的代表，也是时代风气的传播者；另一方面，青年人充满了青春活力，是"娱乐的先锋"。体育，既是表现青年人青春活力的载体，又能够让他们产生愉悦的情感，形成良好的交流和互动，同时还能让青年人宣泄情绪和发散剩余精力。因此，当代休闲体育活动通常会成为青年人的时尚。

3. 符合生命自然性

众所周知，人的生命活动不外乎内部活动和外部活动两种，内部活动是生理、生化活动，亦即物质与能量的不断消散过程。无论我们愿意与否，这一过程总是在人的有机体内发生和进行着。人要维持生命结构的存在，一方面要不断地促使消散过程的积极进行；另一方面则需要通过与外界进行物质交换以补偿已经消散的能量。而这两个方面的活动都必须借助于有机体的外部活动，外部活动是人体摄入与排泄以及身体运动这些基本需求的基础。我们知道了这一点，就不难理解为什么人会选择大量涉及身体运动的游戏和娱乐方式了。

人作为生命必然遵循生命运动的基本轨迹，具有生命体本能的需求和活动方式，只是人的这项本能需求在个体的社会化进程中被特定的方式所制约，从而以社会人的特有方式——身体运动来满足这些需求。

4. 参与人群和动作内容的层次性

这里的层次性包含了以下几个内容：一是活动人群的年龄层次；二是动作内容的难易层次；三是活动方式的经济消费水平层次。这几个层次的划分有着十分重要的社会意义，也表现了休闲体育的不同视角和内容。

通常来说，不同年龄阶段的人有着不同的需要和爱好，这种需要和爱好直接影响着人们对体育休闲方式的选择。青少年儿童对一些新奇的个人活动，如滑板、轮滑、小轮自行车等感兴趣；青年人则喜欢有一定挑战性和对抗性的活动，如篮球、足球、攀岩等；中年人倾向于注重活动的品位和档次；老年人则喜欢交流互动性强的活动。

另外，活动的技术要求和难度，也是人们选择休闲体育活动的依据之一。这种选择主要取决于活动者对自己的运动能力的评价，个人运动能力较强者，一般会选择技术难度较高的项目；而个人运动能力自我评价不高者更愿意选择那些不需要多大努力就可以完成的活动项目。

有些活动方式明显属于高消费，参与者通常须拥有相当的财力，这种活动方式带有炫耀性消费的特征；而另一些体育休闲活动方式则可能对个人经济情况和个人身体运动能力都有一定的要求，既能显示个人身份，也能表现个人的运动能力；一些人更愿意选择那些不需要多少开销，就能开心愉快地活动的项目。

5. 与时俱进性

休闲体育总是在一定历史阶段、一定文化背景下产生和发展起来的。在不同的历史时期，存在着不同的物质文明和精神文明，因而会产生不同的休闲活动方式，体育休闲活动也是应其时代的要求和进步而演变和发展起来的。

考察历史的发展进程可以发现，无论在什么样的时代，体育活动总是可能成为民众乐于接受和参与的休闲活动方式。体育休闲活动是社会文明的表现形式，在许多情况下，其发展与社会科学技术的发展水平密切相关。我们看到，21 世纪流行的体育休闲活动与 20 世纪初相比有了极大的变化，今天的体育休闲活动往往体现了与科学技术和材料革命的结合，而 20 世纪的活动可能更倾向于身体的自然活动，如当时流行的户外运动。

二、体育休闲产业的内涵

体育休闲产业，又称休闲体育产业，是体育产业的重要组成部分。它是以体育运动为载体，以参与体验为主要形式，以促进身心健康为目的，向社会民众提供相关体育产品和服务的一系列体验式经济活动，是与体育健康休闲活动密切相关的产业领域。体育休闲产业主要包括体育健身服务、体育基础设施建设、体育器材装备制造等体育业态。随着经济社会的快速发展，人们生活水平的提高和个体收入的逐步增长以及广大民众参与体育健身休闲活动热情的高涨，建立在大众广泛参与这一社会基础之上的体育休闲产业，成为体育产业经济中的一类新兴绿色朝阳产业。该产业不仅拉动了消费，调整产业结构，优化体育资源配置和增加了就业机会，而且满足了广大民众日益增长的体育、休闲、康乐等多方面、多层次、个性化的精神需求。人们对健康生活方式的追求，推动了体育休闲产业的诞生。作为近年来普遍推崇的现代健康生活方式，体育休闲活动正不断发展壮大。大力发展体育休闲产业，不仅能满足人民群众不断增长的体育精神需求，拉动体育消费，而且能培育国民经济新增长点，为经济建设和经济发展作出巨大贡献。体育休闲产业具有能耗低、启动快、渗透强、辐射广的特点和优势，其形成的完整产业链和产业集群均是绿色、低碳的新兴产业业态。因此，发展作为新兴产业、绿色产业、朝阳产业的体育休闲产业，是转变经济发展方式、实现经济转型升级的重要手段，对促进社会全面、协调、可持续、健康发展具有十分积极的推动作用与现实意义。

第二节　黑龙江省冰雪体育休闲产业发展存在的问题及对策研究

一、黑龙江省冰雪体育休闲产业发展存在的问题分析

（一）政府重视程度不够

黑龙江省冰雪体育休闲产业发展有一定的滞后性，在冰雪体育休闲产业现行的管理中，各级管理组织对于群众体育工作不是很重视。虽然黑龙江省举办了不少群众冰雪体育赛事，但参与人数相对于全省人数来说还比较少，并不能做到全民都参与其中；并且随着时间的推移，活动的力度有所减弱，群众的参与度也越来越低。在各级政府文件中也很难看到关于全民冬季冰雪体育休闲的实质性文件，即使有相关文件其执行力度也不够，多数政策性文件受限于各种因素而未能真正开展实施，对于黑龙江省居民冬季冰雪体育休闲的影响力较大，不利于黑龙江省冰雪体育休闲产业的可持续发展。

（二）大众冰雪体育休闲意识不强

当前黑龙江省冰雪体育大众参与面临冰雪体育价值观差异、传统的生活方式影响、冰雪

体育宣传报道不足、冰雪体育资源稀缺、冰雪体育教育缺失、冰雪体育开发定位不清等制约因素，黑龙江省大众冰雪体育休闲意识不强，究其原因，是群众工作压力大，休闲时间不充裕；冰雪体育虽然刺激愉悦，但群众对安全方面的担心也是其不参加冰雪体育的原因之一。而最重要的一点就是群众对冰雪体育的休闲方式没有太多的重视，对冰雪休闲体育的意识不强，从而造成对冰雪体育休闲的消费力低。

（三）冰雪体育休闲市场开拓不够

黑龙江省冰雪体育休闲地可利用时间短，多集中在一、二月份，且休闲及旅游的群体人均的停留时间短，平均消费水平不高，从而直接影响黑龙江省冰雪市场的发育程度。但是冰雪休闲，尤其滑雪休闲在国外有很大的市场。可见，黑龙江省冰雪旅游以及冰雪体育休闲的市场有很大的发展空间。

（四）冰雪体育专业指导人才缺乏

在游客休闲消费中，专业的冰雪体育休闲的指导员数量较少，很多消费者对其参与消费项目的参与规则、参与技巧、参与方法、安全注意事项等均不能够得到及时指导，或者根本就没有专业的指导人员来进行指导，从而使消费者感到不满意，慢慢地就会对冰雪体育失去兴趣，甚至不再进行冰雪体育的方式进行休闲。

（五）冰雪体育场馆综合开发和利用程度不高

黑龙江省冰雪体育场馆除了经营滑雪项目之外还设有其他的雪上项目，这虽然在一定程度上拓宽了雪场的经营项目和范围，但是还远远不够，而国外的某些著名滑雪场周围遍布酒店、餐厅、影院、游戏厅、超市等商业和娱乐设施，这些完备的配套设施是其成为世界知名滑雪胜地的因素之一。由于冰雪体育健身休闲活动特殊的季节性，黑龙江省的滑雪季节一般从头年11月持续到次年2月左右，如果再遇上暖冬，滑雪期的时间还要缩短，这就势必造成了冰雪体育场馆的综合利用难度大，继而造成无雪期人力、物力及自然资源的闲置。

（六）冰雪体育休闲不注重可持续发展

在对冰雪体育休闲场所的调查中，发现黑龙江省冰雪体育休闲产业的发展可能会导致生态失衡和环境的破坏。

首先，冰雪体育休闲产业在开发和建设的过程中对场地和环境的要求比较高，所以在建设的过程中常常会出现破坏生态平衡的现象，使得黑龙江省的生态环境不断恶化。例如，冰雪体育休闲场所——滑雪场的开发和建设就会发生大量树木被砍伐，大量植被遭到破坏，还有在维护雪场和冰场的过程中需要消耗大量的电能现象排放大量的污染物等。不合理的开发与建造，破坏了雪场周围的生态系统。

其次，冰雪爱好者在休闲的过程中也常常会破坏环境。

最后，由于冬季黑龙江省运动项目管理部门受到气候条件的独特限制，很多时候对雪场的建设和维护相当困难。而不具备经营条件的雪场，因其经营和管理落后，污染情况就会很严重，以致这些地方周围的卫生状况不好，严重影响周边环境，不利于周边产业的可持续发展。

二、黑龙江省冰雪体育休闲产业发展对策研究

（一）加强政府管理

首先，加大政府的政策扶持和资金投入。黑龙江省政府应加强宏观调控，确立黑龙江省冰雪体育休闲产业的整体规划，并实施产业扶植政策。运用体育产业的相关政策调整体育休闲产业的整体结构，以冰雪体育休闲产业为产业主导力量，引导并扶持冰雪体育竞赛表演产业、冰雪体育用品产业、冰雪体育中介产业等外延产业的发展。

其次，拓宽资金的筹集渠道。黑龙江省冰雪体育休闲产业健康发展的过程中，关键是政府要进行主导，协调各方进行资金投入，并在政策上保障各方的经济利益，建设有偿服务场所。从长远利益看，黑龙江省冰雪体育休闲的收费标准不应太高。为了发展地方体育经济，打造属于黑龙江省自己的体育品牌，要吸引全国各地游客前来体验，拓宽游客市场；同时，举办一些影响力大的国际或国内赛事，打开黑龙江省的冰雪体育休闲市场。最重要的是，政府要加大资金投入，并将冰雪体育休闲产业的发展作为政府官员政绩考核的一个因要素，但是同时要加强管理，避免面子工程的出现。

最后，进行资源的整合。通过自身迅速的增长对邻近地区产生强大扩散作用的"增长极"，以带动邻近地区的共同发展。以哈尔滨市为例，哈尔滨市选择这种发展策略的主要理由是，第一，哈尔滨市是黑龙江省的省会，并且拥有著名的二龙山滑雪场、亚布力滑雪旅游度假区、玉泉滑雪场等，目前的冰雪体育休闲产业已有一定的发展基础。第二，冰雪体育休闲产业与冰雪体育旅游业的产业关联性，会使两种产业以及两市形成互利互赢的发展效应。实施这种策略必须要考虑以下几个方面的问题：根据现在黑龙江省冰雪体育休闲健身产业的特色资源和资源优势，结合其发展规律，明确重点发展项目；统筹规划黑龙江省冰雪体育休闲资源的规模和配置方式。

（二）转变大众观念，增强大众冰雪意识，不断扩大群众基础

冰雪体育休闲观念和意识的转变不是举办一两次冰雪活动就能实现的，这需要较长时间的培育以及相应条件的同步。要让"花钱买健康"以及"体育健康服务"的理念被大众接受，使冰雪体育休闲消费带动大众性体育消费，让形式多样的全民休闲体育活动成为社会时尚。

政府以及社区体育管理人员要积极宣传和倡导人与自然、人的健康与人的工作和谐发展的体育人文观。发展经济、提高大众收入水平，不能以牺牲人的健康为代价，应促使人们在工作之余形成体育锻炼、体育消费的良好习惯，逐步地把冰雪体育休闲观念和意识纳入日常生活。

要加强对全民冰雪体育休闲的宣传力度，通过各种新闻媒体进行广泛的宣传，并采取宣传员和讲解员深入居民区的办法，加强群众对冰雪体育休闲活动的认识，尤其要让居民了解，如何科学合理地进行冰雪体育休闲活动以及需要注意的问题，这样可以直接让居民参与冰雪体育休闲的意识及观念更加深刻，同时也可以引导居民主动参与到冰雪体育休闲活动中。同时，对于黑龙江省的优势项目（滑冰、滑雪等）以及传统项目要大力宣传和普遍开展，以专业的竞技体育成绩，刺激并影响居民的参与热情。

（三）提高冰雪体育休闲软件水平，加强冰雪体育休闲硬件质量

冰雪体育休闲产业的竞争，不仅是配套产品设施的竞争，更是消费者对于冰雪体育休闲的满意度、体验质量、人才服务、安全性等与硬件设施相对应的软件设施的服务的竞争。因此，不仅要提高冰雪体育场所从业人员的素质，更要注重服务的个性化和设备的数字化。

提高从业人员的职业道德素质和人文素质。冰雪体育健身休闲内容丰富，从业人员的类型多，不仅包括专业的导游人员、滑雪场与滑冰场（馆）教练员，也包括临时性的冰雪节庆活动志愿服务人员。然而无论是专业的教练员还是临时性的冰雪节庆活动志愿者，其素质能力的高低决定了和代表了黑龙江省冰雪体育休闲的整体形象和服务质量。因此，黑龙江省旅游管理职能部门要重视对从业人员素质的培养。对于导游人员来说，专业知识的教育和培养以及人文素质和职业道德方面的培养都很重要；对于冰雪体育健身休闲的教练员来说，处理突发事件的能力要强；对于临时性的冰雪节庆志愿者，要让其了解黑龙江省冰雪体育的历史文化，同时要注意培养其待人接物礼仪规范。

服务要个性化。应根据不同消费者的需求和身体状况，设计符合消费者需要的个性化方案。同时冰雪休闲场所的周围要配备餐厅以及营养咨询师，可以使游客们在冰雪体育体验结束的时候能够享用科学合理、健康美味的饮食，增加消费者的满意度和忠诚度。

（四）开发适合黑龙江省冰雪体育发展的个性化、品牌化休闲产品，拓宽客源市场

将黑龙江省冰雪体育旅游整体包装，挖掘特色，统一对外宣传。品牌是市场竞争的产物，是一项重要的无形资产。因此，我们应打造和开发适合我省冰雪体育休闲所需的个性化、品牌化产品。西藏的"世界屋脊"、云南的"彩云之南"等都是具有特色的统一品牌宣传口号。而黑龙江省可以在自己优势方面挖掘专属特色，以树立鲜明的冰雪体育休闲形象。同时，还可以与娱乐元素相联系，找冬奥冰雪项目冠军等名人作为冰雪体育休闲的形象代言人，以此来提高广大消费者对于黑龙江省冰雪体育休闲品牌的认知。

创造高质量的冰雪体育休闲产品，积极进行产品的自主创新。要全方位、多层次地开发冰雪体育旅游资源，推出系列化、精品化和特色化的冰雪体育旅游产品与线路，努力打造休闲娱乐游、度假游、冰雪探险游、产品商务游、赛事观摩游等一系列高品质冰雪体育旅游产品，这些产品促使黑龙江省冰雪体育旅游品牌的快速发展。

（五）培养专业的冰雪体育休闲产业发展人才

在冰雪体育休闲产业的发展过程中，专业人员是必不可少的。

首先，要充分利用黑龙江省高等体育院校的教学资源优势，在高等体育院校适时地设置冰雪体育休闲专业的相关课程，为冰雪体育休闲市场的健康发展提供专业人才。

其次，每个冰雪场所都要设立相关培训中心，并配备一定数量的冰雪专业教练员，为初学者提供专业的指导和服务。

最后，在冰雪体育休闲场所应建立急救中心并配备专业的救护人员，以便能及时处理可能出现的突发问题，提高冰雪体育休闲场所的安全度，保证冰雪体育休闲爱好者的人身安全。

（六）产业与生态协调发展，走可持续发展道路

冰雪体育休闲产业的主要经营场所是滑雪场和速滑馆。而目前冰雪体育休闲产业在发展过程中所出现的生态问题和环境问题是不容小觑的。因此，如何协调好产业效益和生态效益之间的关系一直是较难解决的问题。体育界及其他学术界的学者也一直在研究这个问题，但是效果不明显。笔者认为应该从以下几方面进行解决：

首先，冰雪体育休闲产业对于滑雪场和速滑馆，尤其是对滑雪场有很大的依赖性，对滑雪场周围环境的破坏会直接影响滑雪场乃至冰雪体育休闲产业的正常发展，因此，开发商要统筹规划，合理布局，不能盲目地为了经济效益而忽视生态效益。

其次，应倡导冰雪生态文明，加强各级部门协作，强化社会监督功能，加强环境保护部门的机构、队伍和能力的建设，进一步完善环境保护统一监督管理体制，要限制不利于可持续发展的冰雪体育场地的开发。

最后，管理部门应积极开展环保宣传工作，不仅对当地居民，同时也要对消费者宣传到位，使当地居民和消费群体联合起来保护环境，维护生态平衡。

总之，生态效益对于黑龙江省整个冰雪体育休闲产业的健康发展都有非常重要的作用，只有处理好生态效益与经济效益之间的关系才能真正做到黑龙江省冰雪体育休闲产业的可持续发展。

第三节　黑龙江省冰雪体育休闲广场文化建设研究
——以哈尔滨市为例

一、城市冰雪体育休闲广场文化建设概述

（一）城市冰雪体育休闲广场文化建设概念界定

1. 城市广场文化

城市广场文化的出现，是城市现代文明高度发展的重要特征。近些年，我国城市广场文化更多的是以能够满足广大群众精神文化生活为根本目的的文化艺术活动和形式，在整个社会主义精神文明建设过程中的地位非常突出。虽然我国城市广场文化出现的时间较晚，但广场文化却有着非常悠久的历史和内涵。而随着时代的不断进步和发展，现如今的广场文化和传统意义上的广场文化之间已经有了很大的区别和差异。当前的广场文化包括了两个方面的主要内容和含义：一个是广场上不同建筑所蕴含的深层次文化和内涵，以及建筑群体所展现出来的时代特征；另一个是以广场为载体和形式所开展的文艺、讲演等不同的文化形式和活动。

2. 城市冰雪体育休闲广场文化

目前，我国学者对于城市冰雪体育休闲广场文化的理解和阐述主要集中在文化的角度，力求从文化的内涵来进行思辨，并主要体现在对体育精神现象或者体育活动相关内容的理解与阐述方面，所以，城市冰雪体育休闲广场文化的解释慢慢地就演变成狭义的体育文化。另外，在诸多的研究学者当中，一些狭义体育文化论者更多的是将体育文化的内涵界定为相关的精神文化领域。而"城市广场体育文化"可以认为是在城市广场中呈现出来的一种特殊文

化的现象，具体是指以面积广阔的场地为区域范围，以场地及场地内的自然环境和体育设施为物质基础，以场地上活动的人为主体，以满足活动主体的需求就地就近开展的区域性体育文化。

进入 21 世纪之后，全民健身运动的发展更加地迅速，大众对于体育锻炼的需求也更加强烈，政府以及相关的职能部门也加大了相应的投入，城市广场体育文化活动在内容和形式上也有了更大的提高。跑步、太极拳、轮滑、毽球等多种形式的活动为市民更好地进行身体锻炼提供了更加便利的方式，城市广场体育文化也成为城市文化发展过程中的一个重要方面。另外，城市居民在广场活动空间下进行体育锻炼，相互之间不仅能够更好地进行交流，促进邻里之间的关系；而且对于提升整个城市的体育文化也有很大的帮助。

正是在这样的大背景和大环境之下，现代城市的快速发展给城市冰雪体育休闲广场文化的发展带来了相应的基础和便利条件，冰雪体育休闲广场也逐渐成为市民健身、休闲和娱乐的重要场所，体育和广场文化的交融和发展也逐渐成为城市体育特色文化发展的一个重要的方向，城市体育文化广场开始承载了多种的社会功能和文化功能。近些年，我国群众体育的发展更加成熟，广场体育和广场文化的交融发展给人们带来了更多的锻炼机会，人们在进行体育锻炼、享受生活的同时，看到的是体育价值的升华，体会到的是社会的健康和谐。不可否认，城市广场体育文化已经成为一座城市文明进步程度的集中体现，成为城市精神文明建设的重点之一。

3. 城市冰雪体育休闲广场文化建设

城市冰雪体育休闲广场文化建设是指人们在实践过程中创造的冰雪体育精神文化、冰雪体育物质文化及其他冰雪特定文化的总和，它是对冰雪意识形态的重要表现形式。冰雪体育精神文化包括：冰雪体育思想、冰雪体育价值观、冰雪体育意识、冰雪体育道德、冰雪体育人文精神等。冰雪体育物质文化包括：冰雪运动项目、冰雪运动形式、冰雪运动技术、冰雪场地设施、冰雪体育器材等与冰雪体育有关的物质实体。

哈尔滨作为我国冰雪体育的发源地，在国内和世界都享有较高的声誉，每年都会有成千上万的游客来哈尔滨旅游，体会当地的特色冰雪资源，冬泳、冬钓、冬捕等极富当地特色的冰雪体育体验旅游项目也逐渐地得到发展，哈尔滨已经成为我国冰雪体育旅游的窗口。

城市冰雪体育文化是冰雪富集地区人民生活中不可缺少的重要内容，冰雪健身运动受到大众的青睐，冰雪文化孕育着时代新兴的健身理念，正以强大的亲和力，引导人在向大自然的挑战中，逐渐提高自身的全面素质。生活水平的提高，让更多的人参与冰雪体育休闲活动，形成休闲生活方式，使冰雪体育休闲在北方本土的发展体现出鲜明的特色。冰雪体育文化以其特有的魅力，吸引着中外游人纷至沓来，在冰雪体育旅游产业的快速发展过程中，不仅能够为社会创造出更多的经济价值和社会效益，而且能够使人们的精神文化生活得到极大的丰富，哈尔滨这个城市必然会伴随着冰雪运动的普及和发展，逐渐走向世界，成为世界瞩目和认可的冰雪城市。

(二) 城市冰雪体育休闲广场文化的特征

1. 公共性

在城市冰雪体育休闲广场文化中，公共性是最为直接和突出的一个特点。广场是人们活动和休闲的场所，在很多时候也是政府公益行为的重要场地。所以，在城市广场形成以冰雪体育休闲为主体的锻炼方式，能够更好地体现出当前城市的公益性内涵。另外，冰雪体育休闲广场文化的公共性，在很大程度上决定了广场在建设过程中必须走平民化的道路，要将自己更为大众化和接地气的一面展现出来，吸引更多的市民参与到广场活动中，形成全民参与的局面。

2. 健身性

体育运动作为人们释放内心情感、强健体魄的重要方式和途径，已经逐渐成为当今社会人们所追求的重要生活元素。当前社会，体育不仅是一种时尚，更是一种生活方式，如果一个城市没有丰富多彩的体育活动，人们的生活将会变得非常单调和枯燥，通过参加冰雪体育健身活动，能够丰富人们的休闲娱乐生活，并且起到强身健体、放松身心的作用。

3. 娱乐性

城市体育诞生于市民阶层对文化生活的不断追求之中，这决定了城市体育是一种娱乐手段，为市民的休闲娱乐服务。随着人们闲暇的增多，人们对大众化、简易化、娱乐性强的运动休闲方式越来越感兴趣，随着冰雪体育的推广，诸如滑雪、速度滑冰等充满乐趣的冰雪体育活动，正成为黑龙江省城市广场大众体育的主要内容。同时，人们也更加关注生活质量的提高和自身健康的改进，各种与冰雪体育相关的健身项目如雨后春笋，层出不穷，健身热潮正席卷着城市的每一个角落，人们追求休闲、追求健身、追求娱乐，享受着体育带来的乐趣。

4. 审美性

在城市的广场文化组成要素当中，不同的文艺活动和体育活动都成为提升广场文化内涵的要素，在不同的节假日里，人们在广场中进行相应的艺术活动，在很大程度上增加了广场文化的内涵和价值。在广场文化中，特有的冰雪体育活动和高雅的艺术活动相结合，能给市民提供更加震撼和富有感染力的视觉享受，从而使广场文化具有很强的审美性。而且，广场文化的审美性以寓教于乐为主要形式，它能够在不同形式的活动下，给予参与者潜移默化的影响和引导，使人们在参与与冰雪体育相关活动的过程中能够更好地感受冰雪体育的魅力。

5. 地域性

城市体育文化是城市区域内的社会生活共同体所反映出来的与体育有关的文化特性。不同的城市有着不同的城市体育文化，随着城市文化的积淀、传承、创新和发展，体育的逐步介入使城市的文化地域特征越来越鲜明。哈尔滨市具有独特的历史文化资源和良好的生态环境和浓郁的北国之风，为冰雪文化的形成提供了广泛而充足的载体。即哈尔滨在生产、生活实践的历史中创造了许多娱乐、竞技活动。例如，将打爬犁、坐雪橇、冬泳、冬钓、冬捕等各少数民族的休闲娱乐和生产生活方式形成的民俗文化开发成冰雪旅游的体育休闲项目。冰雪文化扎根于哈尔滨这片厚重的历史文化土壤里，冰雪文化旅游的发展必须依托哈尔滨乃至黑龙江的历史文化资源。抓好冰雪文化与地域文化资源的结合，以开发文化资源为中心，深度挖掘北方民族特色艺术和民族冰雪文化。

二、哈尔滨市冰雪体育休闲广场文化建设现状存在问题及其成因

(一) 哈尔滨市冰雪体育休闲广场文化建设现状

1. 城市冰雪体育文化向着本土化和节庆化趋势发展

冰雪节庆活动，是以冰雪为活动的文化载体，体现北方独特的冰雪资源特色，具有较高

知名度和影响力的地方节日庆典活动。中国·黑龙江国际冰雪节和中国·哈尔滨国际滑雪节是哈尔滨市标志性的节庆活动。哈尔滨市除此之外还有其他凝聚地域特色、人文内涵和丰厚历史底蕴的地方冰雪节庆活动。

随着黑龙江省各民族冰雪体育文化生活实践的不断丰富，传统的抽冰尜、打冰帆、坐雪橇、坐冰车和现代的玩冰球、打冰壶、滑雪圈、雪地足球以及本土的背媳妇滑雪、家庭滑雪、滑雪婚礼等冰雪体育文化将广为流传；少数民族的特色文化元素，如鄂伦春的狩猎文化，赫哲族的冰川捕鱼，鄂温克族、鄂伦春族、赫哲族传统的滑雪，满族、锡伯族、达斡尔族传统的滑冰等带有冰雪符号的冰雪体育活动将得到全面开发，会成为黑龙江省大众冰雪体育休闲娱乐的重要内容和冰雪旅游的特色产品。已经创意开发的冰灯艺术文化、冰雪雕艺术文化、冰雪景观文化以及具有黑龙江省标志性的"中国·哈尔滨国际冰雪节""中国·黑龙江国际滑雪节"，富有区域特色的齐齐哈尔"关东文化旅游节（雪地观鹤）"、大庆的"中国大庆雪地温泉节"等节庆活动，极大弘扬了地方冰雪文化，不断满足人们的休闲需要、娱乐需要和交往需要，越来越被冰雪旅游市场青睐。这种将冰雪体育文化与本土文化、民俗文化和节庆活动相结合的新趋势，是黑龙江省大众冰雪体育文化发展的独特性所在，也将是黑龙江省大众冰雪体育文化发展的新趋势。

2. 冰雪体育家庭化锻炼模式成为主流

目前，哈尔滨广场体育文化活动的社会组织化程度相对较低，还处于初级阶段，市民虽然能够进行广场冰雪体育锻炼，但多处于一种无序的状态下，缺少相应的部门的组织，市民的很多活动都是自发性的。另外，通过走访调查相应的城市广场，不论在组织和人数还是活动场地和时间上广场活动已经初具团体性特征，如广场上的中老年舞蹈队以及太极群体，个别广场体育文化活动甚至发展到了能够收费的程度。

我国已全面建成小康社会，在物质水平不断提升，基本实现了家庭电气化，家务劳动社会化，信息与购物网络化，城市居民余暇时间越来越多，家庭成员户外活动及肢体运动逐渐减少，追求体育娱乐健身的需求空前迫切。近些年，哈尔滨市在冰雪运动开展方面有了更多的资金投入，活动的开展更加地丰富，场地设施也日趋完善，在这样的基础之上，针对儿童群体的相应冰雪运动形式也更加地丰富，儿童滑冰、滑雪、冰球等冰雪运动也得到了蓬勃的发展，孩子们在体验到冰雪运动乐趣的同时，也逐渐地形成了以家庭为基础的冰上运动的消费群体。到目前为止，黑龙江省冰雪体育运动产业已经成为黑龙江省旅游产业当中的主要部分，而以家庭冰雪运动为主的冰雪项目成为新的家庭锻炼模式。

3. 冰雪体育组织方式多元化发展

过去哈尔滨市居民参加冰雪体育锻炼是在政府指令下，在免费提供的冰场、有限的雪场和天然冰面上进行，居民穿上简易的冰刀，利用简陋的条件，通过各项简易的冰雪运动增强了体质，而如今，居民参加冰雪体育锻炼的动机在向多元化发展，已经由单纯的强身健体向文化娱乐、发展人际关系、满足兴趣爱好、改善生活方式、缓解与释放压力的层面拓展。可见，人们不仅通过冰雪活动来强健体魄，而且追求在运动体验中获得愉悦，如在体育文化氛围、娱乐和休闲方式上获得精神上的满足，可见选择冰雪体育锻炼能让居民获得身体与心灵的双重满足。

哈尔滨市的冰雪体育组织方式正在随社会经济环境的变化而发生变革，其组织形式日渐多元化，以机关、学校、企事业单位等集体组织的大众冰雪体育活动方式依然存在，同时大众社团、冰雪俱乐部、冰雪协会等，已成为哈尔滨市大众冰雪体育组织方式的一大亮点。除此之外，以家庭、亲朋好友等自发组织的冰雪体育活动也日趋增多，以共同爱好为倾向的民间冰雪体育俱乐部和家庭化组织形式日渐成为主流。随着人均收入的增加，冰雪大众体育活动需求不断扩张，人民群众参与社会管理的积极性日益高涨，哈尔滨市大众冰雪体育必将随着我国大众体育的改革与创新，朝着多元化方向发展。

4. 冰雪运动项目多样化发展

近些年，哈尔滨市冰雪运动项目的内容逐渐增多，形式日渐多样，尤其是在速滑、花样和冰球等项目的基础之上，增加了很多更具吸引力和观赏性的冰雪运动项目，如以前只是作为竞技体育运动项目的高山滑雪、速降和越野滑雪等项目也开始慢慢地变成大众体育项目，人们在体验这些极具挑战性的冰雪运动项目的同时，也能够更好地感受冰雪世界的精彩和乐趣。所以，近些年，冰雪运动逐渐地成为大众日常生活中的一个重要组成部分。

(二) 哈尔滨市冰雪体育休闲广场文化建设存在的问题

1. 城市广场冰雪体育文化系统发展不均衡

就目前我国城市广场冰雪体育文化建设出现的问题，冰雪体育文化发展过程中的资源不均衡和文化内涵缺失是其最为主要的症结。我国城市广场文化的发源和发展借鉴了西方城市文化，并根据我国的国情作了相应的调整和改造。然而，近些年我国的城市广场建设出现了越来越多的"面子"工程，这与我们建设城市广场的初衷是相背离的。哈尔滨冰雪体育文化的发展，其优势更多集中在开发历史、冰雪场馆数量、承办国际赛事的经验等方面，冰雪文化的个性发展并不到位，其主要原因在于冰雪体育与哈尔滨地域文化的融合不够。目前，哈尔滨市有很多的优势资源还未得到有效开发，如哈尔滨民族民俗文化还没有被充分挖掘利用，哈尔滨市冰雪历史文化没有结合在冰雪体育旅游中得以呈现。

2. 社区冰雪体育发展滞后

目前，哈尔滨市以社区为基础和条件的冰雪体育运动的开展相对比较缓慢，从客观条件上进行分析，社区对于冰雪体育活动开展的重视程度不够，场地条件非常有限；另外，社区冰雪体育指导员数量非常少，无法给居民进行体育锻炼以科学的指导。从居民主观方面看，部分居民由于工作压力大没有闲暇和精力去参加冰雪体育锻炼；自身的经济状况限制其向冰雪运动健身投入资金；部分居民因寒冷的气温产生畏难情绪不愿走出温暖的房间到室外去参加社区冰雪活动。由于居民对冰雪体育运动重视程度低，主观意识不强，以及冰雪体育活动主办方组织管理不力，难以促进形成群众基础和参与意识，抑制了大众冰雪运动的整体发展。

3. 老年人等弱势群体冬季冰雪体育薄弱

据了解，哈尔滨高于全国人口老龄化水平，哈尔滨市已进入中度老龄化发展阶段。虽然国家和政府提供了一定的公共体育服务设施，但相当多的地区或城镇缺乏老年人冬季冰雪体育锻炼的设备和场所，且缺乏对老年体育的统一领导，使老年人冬季大众体育处于无序、混乱的状态，多半仍重复以往"猫冬"的生活方式。这些状况在客观上都限制了老年人冬季冰雪体育的发展。

农村居民是参加冰雪体育锻炼者中的薄弱环节，因为农村劳动力水平不高，他们为获取基本的生活材料所耗费时间和体力等限制了他们参加体育活动的欲望和能力；农村冰雪场地匮乏也是农村冰雪体育难以普及的重要原因。残疾人虽然未被纳入调查之列，但对他们参加冰雪体育锻炼的渴望不容忽视，目前黑龙江省缺少对残障人士锻炼方面的政策倾斜、人文关怀及适合残障人士的锻炼场所。

4. 居民参加冰雪体育锻炼的男女比例失调及其频度较低

大众冰雪体育的发展需要每个社会成员的积极参与，可是在冰雪体育锻炼者中男女比例严重失调，女性参加冰雪体育锻炼的人数相对过少，一部分女性因繁重的家务，休闲娱乐的时间被挤占，还有一些女性对冰雪体育缺乏认识，不愿为冰雪体育付出时间和多钱，这些都是限制女性参加冰雪体育锻炼的重要因素。

目前，哈尔滨市参加冰雪体育锻炼的人口的六成以上选择在周末和节假日进行锻炼，从年龄段来看，他们都在 25～45 岁，这部分人绝大多数都有相对稳定的工作，平日没有时间锻炼，只能利用周末和节假日参与冰雪体育活动，这在客观上限制了他们的锻炼频度；其他锻炼者时间相对宽裕一些。锻炼频度是影响冰雪运动技术熟练掌握和稳定消费的重要因素，如果社区周边能有冰雪场馆，居民锻炼频度增加是完全可能的。

(三) 哈尔滨市冰雪体育休闲广场文化建设存在问题的成因

1. 冰雪体育的组织与管理模式陈旧

现阶段，哈尔滨市的体育主管部门对于大众冰雪体育运动的组织和管理多是停留在传统模式和体制之下，管理方式和方法比较落后，很多管理工作的过程都是政府统筹规划，群众被动服从，在这样的模式下，冰雪体育的组织和管理缺少生机和活力，很多社会力量虽然有主动参与冰雪体育组织和管理的意愿，也很难在相应的组织和管理过程中发挥重要的作用和力量，这也在一定程度上阻碍了整个冰雪体育运动的发展。冰雪体育运动项目在发展的过程中，其自身的项目选择自主性、灵活性的特点也逐渐地显现出来，该特点使得冰雪体育运动的发展受到更多的社会力量的关注，从而促进了冰雪体育旅游市场在较短时间内得到了很大的发展。而在这样的发展过程中，冰雪体育发展中所表现出来的混乱无序、良莠不齐等问题相继显露出来。所以，应当以更高的效率去推动具体工作的开展，保证整个组织在实施相应管理的过程中能够发挥最大的作用，是冰雪体育休闲广场文化未来发展的方向。

2. 缺少高素质的冰雪体育指导员

市民在进行体育锻炼的过程中，科学的指导是保证其锻炼质量的关键所在。通过相应的问卷调查能够看出，在广场体育文化活动的相关参与群体中，很多参与者的体育文化知识比较匮乏，不确定如何进行正确的锻炼，另外，一些市民的体育活动，得不到科学和有效的指导，导致居民体育锻炼的价值相对较低。这些问题出现的重要原因在于哈尔滨市各个广场缺少专业的冰雪方面的体育指导员，在现有的冰雪体育指导员中，很多并没有经过专业和系统培训，甚至不具备社区体育指导员的资质，很多体育指导员在工作中无法给予锻炼者以专业的指导。另外，很多锻炼者对于如何科学地进行锻炼缺乏认识，不了解自己适合进行何种体育锻炼，这就导致居民在选择锻炼项目的时候非常盲目，导致居民在尝试相应项目的过程中，不能够坚持下来。所以，针对这些问题，应该有针对性地去增加哈尔滨市社区体育指导员的数量，并加强对其的培训，提高他们在指导冰雪体育运动方面的专业性。

3. 重冰雪竞技轻大众冰雪运动的普及

随着时代的发展与进步，尤其随着我国从体育大国向体育强国目标迈进，以竞技体育为价值取向的弱点日渐凸显，暴露出竞技体育与群众体育尚未达到协调发展，群众体育这块庞大的基石和后备人才梯队没有得到应有的开发等问题，虽然对群众体育在宣传上始终轰轰烈烈，但群众体育却在财力、物力、人力的投入上与竞技体育仍有明显差距，在实践中始终未能很好地处理竞技体育和群众体育之间的关系。虽然近几年来哈尔滨市在加大力度向大众冰雪体育投入，但群众对体育的需求仍得不到满足，很难实现冰雪运动的广泛普及。

三、哈尔滨市冰雪体育休闲广场文化建设的对策

（一）体育休闲广场文化建设应凸显冰雪文化

城市广场是体育文化发展和城市内涵提升的重要载体和平台，哈尔滨市在城市广场的对外宣传过程中，应该力求将冰雪文化作为其发展的重要渠道和方式，力求将冰雪体育休闲广场文化提升到城市文化建设的高度。

建设具有哈尔滨地域文化特征的城市广场景观需结合哈尔滨特有的地域文化，以个性化和人性化为设计原则，以舒适性、宜人性和特色鲜明性为建设目标。哈尔滨"欧域遗风、冰雪文化"的特色文化是其他城市无法模仿的，这种特色文化是哈尔滨最具魅力的特质，是哈尔滨的城市文化主题，应该在城市景观中加强利用，从而加深哈尔滨市城市文化内涵，塑造别具一格的城市形象，提高城市文化的品位，推动休闲体育产业发展。

1. 体现外来文化特征

哈尔滨拥有独特的历史发展进程，尤其是在 1898 年中东铁路建成后，哈尔滨整个城市就逐渐地成为不同外来文化的汇聚地，无论是从城市的建筑风貌还是人们的生活习俗等方面，都体现着丰富的外来文化和内涵。正是在这样的大环境和大背景之下，哈尔滨在城市广场的建设过程中更应该以外来文化为特征，突出不同广场的景观特色、建筑物意境，使人们在进行体育休闲锻炼的过程中，能够领略到不同的外来文化的内涵，感受不同文化的意境，充分地将哈尔滨的历史文化底蕴挖掘出来。

2. 体现冰雪文化特征

哈尔滨市拥有着其他城市所不具备的得天独厚的冰雪运动发展条件。一方面，哈尔滨市的冰雪资源非常独特，各大景观中的冰雪文化内涵也非常丰富；另一方面，哈尔滨在推进冰雪资源的开发过程中，应借助城市的历史文化底蕴，真正形成冰雪资源和城市历史文化相融合发展的基本模式，以更好地去引导和推动城市广场文化的完善和升华，使哈尔滨冰雪文化的相关特征变得更加突出和形象。

（二）冰雪体育休闲广场建设纳入城市总体规划

冰雪体育活动空间是一种体育环境，符合大众心理预期。便利、舒适、休闲和不同消费水平的体育环境对大众的冰雪体育行为具有促进作用，对整个冰雪体育运动的良性发展起到很好的引导作用。冰雪体育休闲环境作为冰雪体育经济可持续发展的基础和保证，需要为参与者提供完备和齐全的参与环境，保证能够给参与者以最优质的服务。近些年，随着我国人民物质生活水平的不断提高，人们对于借助体育手段来提高自身身体素质，提高生活品质的需求也在提高，同时，各级政府也加大了对群众体育健身方面的相应基础设施的投入，体育休闲运动和健身的大环境已经慢慢地形成，为了更好地满足人们对冰雪体育参与的需求以及

推广冰雪体育，哈尔滨市也将冰雪体育休闲广场建设纳入了城市总体规划。

（三）建设城乡一体化冰雪体育休闲广场文化

加大投入力度，在社区周边和城乡接合部建设免费或低消费的冰雪体育休闲广场，同时考虑残障人群等弱势群体所需的冰雪活动场地，并向农村扩展"冰雪体育长廊"；严格执行滑雪场质量等级认定制度，提高服务设施配备比例；体育和教育部门要联合制定冰雪场馆资源共享机制方案，体育系统的冰雪场馆除保证专业队训练和比赛、学校滑冰场除保证体育课教学之外，全部向社会开放，这样可以有效缓解场馆匮乏、消费差距及休闲度假、健身娱乐不同需求等诸多根本性问题。

（四）加强群众参与冰雪体育休闲广场文化活动的自觉能动性

群众在参与冰雪体育活动的过程中，应该有自主选择的权利，并且能够享受更大的自由空间，保证自己能够真正地通过体育锻炼享受到体育的乐趣。所以，在引导群众进行体育锻炼的过程中，要形成群众进行体育锻炼的自觉性和自觉意识，要将冰雪体育运动和群众冬季日常生活方式进行紧密的结合，开发出贴近生活的锻炼方式。另外，必须不断地保证人们能够在冰雪休闲运动当中感受生活的真谛和乐趣，更好地去推动人们在锻炼过程中的主动意识和主人翁情怀。

（五）完善城市冰雪体育休闲广场文化建设的组织与管理新模式

大众冰雪体育因参与主体的业余性、异质性、非固定性、目的多样性，其组织特点表现为高度的分散性，它以各种不同的形式融于人们工作之余的余暇活动之中，为了更广泛地普及冰雪运动，推动大众冬季健身热潮，创建哈尔滨冰雪体育全民健身品牌，除需要体育、教育等机构的组织和管理之外，还需要动员社会各界力量来共同分担大众冰雪体育组织与管理的责任。因此，要充分发挥各企事业单位、社区、家庭以及俱乐部的作用，它们是组织大众冰雪体育活动最直接、最给力、最基础的单元形式（见图9-1）。

图9-1　大众冰雪体育组织形式

1. 企事业单位组织型

企事业单位组织型主要是通过工会、共青团、妇联、体育协会或单项运动协会，有计划、有目的、有组织地开展本单位冰雪体育活动的方式。虽然大众冰雪体育的鲜明特点在于它的参与主体的自主性和创造性，这似乎与计划和组织相悖。但不可否认的是，这种单位组织型的大众冰雪体育活动，一方面，可以为冰雪体育的开展营造一种良好的氛围，增进员工之间团结凝聚的力量，强化集体归属感，证明个体存在的价值，达到彼此认同；另一方面，如果这种计划和组织能够充分考虑参与主体的需求，则有利于激发参与主体的自主性和创造性。因此，在现阶段大众冰雪体育参与率不高的情况下，企事业单位组织型是促进大众冰雪体育活动开展的一种积极有效的组织形式。

2. 社区组织型

社区组织型的冰雪体育活动是由社区为居民创造冰雪体育活动条件，营造冰雪体育活动场景，组织、动员、唤醒居民参加冰雪体育活动的意识和行为，活跃社区体育文化生活的活动。

社区要有针对性地开展宣传工作，提高居民对冰雪活动的认识，加强对冰雪健身活动的引导，充分利用早晚、双休日、假期开展不同形式、针对不同年龄段的冰雪体育娱乐活动；社区要配备专职冰雪体育指导员，对居民进行技术指导，帮助居民树立自信心，增强居民参与冰雪活动的自觉性，扭转"猫冬"的生活习惯；引导居民冰雪体育消费，享受冰雪活动的快乐。在大众冰雪体育发展过程中，只有居民的直接参与，才能有效地整合与发挥各种体育文化资源的功能，形成社区体育的良性循环。

社区要制订大众冰雪体育活动计划，有组织、有目的地开展冰雪体育活动，以调动居民积极参与为出发点，广泛普及冰雪运动，推动全民健身在社区的广泛开展，使全民健身成为一种生活方式，持续满足居民精神需求的新期待，让冰雪体育文化活动来推动社区文明建设，让社区居民的生活从"经济富裕"转变为"身心幸福"，引导居民更加注重"身心健康"，从追求生活水平提高向生活质量提高的方向转变，并引导越来越多的社区居民投入冰雪健身、消费和旅游中去。

3. 家庭组织型

冰雪体育运动向前发展的过程中，以家庭为单位的相应组织形式逐渐成为人们进行体育锻炼和参与体育活动的重要形式，尤其是在冰雪体育运动项目中，家长对于孩子参与冰雪体育运动项目的支持程度直接决定了孩子参与冰雪体育运动的价值。家庭体育是大众体育、学校体育和竞技体育的基础和延伸，是人在社会化进程中必不可少的重要内容。家庭组织可以为妇女提供锻炼机会，提高女性的体育运动参与比例。因此，家庭组织型是冬季大众冰雪休闲体育的特色组织形式。

我国家庭式冰雪休闲体育活动的发展空间在近些年不断扩大，以家庭为单位的参与群体数量也在增加。而家庭在参与冰雪体育运动过程中，也能够更好地促使家庭成员彼此之间相互交流，所以，世界范围内的家庭冰雪体育活动组织形式非常普遍。随着人们生活水平的提高和消费观念的转变，这种以家庭为基本单元的组织形式将是未来冰雪休闲体育活动的主流，并已经成为哈尔滨市冬季大众冰雪休闲体育具有鲜明特色的组织形式。

4. 民间俱乐部型

民间俱乐部是自发的锻炼群体，是大众体育的重要组织形式，以滑雪俱乐部为例，滑雪俱乐部是提高滑雪体育人口、凝聚消费群体形成和促进微观冰雪体育产业发展的重要力量，是连接职工体育、学校体育和家庭体育的纽带，是组织与管理开展大众冰雪体育活动较为典型的民间组织，其组织张力和发展潜力巨大。

参考文献

[1] 周洪松. 体育旅游市场开发及其可持续发展研究 [M]. 长春：吉林大学出版社，2020.

[2] 郭坚. 体育旅游资源的整合与发展研究 [M]. 北京：中国书籍出版社，2021.

[3] 王雅慧. 新时代背景下我国体育旅游发展体系的构建 [M]. 北京：原子能出版社，2018.

[4] 赵金林. 休闲体育文化多元解析与运动方法指导 [M]. 北京：中国书籍出版社，2018.

[5] 杨京钟. 中国体育产业财税理论与政策研究 [M]. 长春：东北师范大学出版社，2019.

[6] 孙洁. 体育文化研究的多向度审视 [M]. 天津：天津科学技术出版社，2020.

[7] 白震，王幸新，杨莉. 当代体育产业多元化发展研究 [M]. 长春：吉林人民出版社，2021.

[8] 魏建军. 现代体育产业发展理论与经营管理研究 [M]. 北京：地质出版社，2019.

[9] 王念龙. 生态文明视域下运动休闲小镇的发展 [M]. 上海：同济大学出版社，2021.

[10] 胡昕. 经济学视角下的中国体育产业发展研究 [M]. 青岛：中国海洋大学出版社，2018.

[11] 张大春，邹积恒，梁策. 黑龙江省高校冰雪体育课程内容资源现状调查与分析 [J]. 冰雪运动，2015，37（2）：55-58.

[12] 刘雪晴. 现阶段普通高校冰雪体育课程创新实践研究 [J]. 冰雪体育创新研究，2021（21）：19-20.

[13] 梅超智. 冰雪体育文化产业链的发展现状探析 [J]. 中国商论，2022（3）：142-144.

[14] 孙迪. 冬奥契机下黑龙江省冰雪体育发展研究 [J]. 北方经贸，2022（7）：5-7.

[15] 郭若凝，崔春山. 冬奥契机下黑龙江省冰雪体育发展研究 [J]. 当代体育科技，2021，11（31）：134-136.

[16] 王浩，田苗苗，冯洪恩. 体育强国视域下黑龙江省冰雪体育旅游发展研究 [J]. 黑龙江工业学院学报：综合版，2021（10）：147-151.

[17] 吕秀英，刘贵宝. 黑龙江省冰雪体育人才培养与冰雪产业发展精准对接的困境研究 [J]. 中国管理信息化，2021，24（15）：217-218.

[18] 王平. 黑龙江省冰雪体育产业发展现状与对策研究——基于SWOT分析 [J]. 黑龙江科学，2020，11（7）：158-159.

[19] 李创. 北京冬奥会背景下我国冰雪体育赛事发展困境与对策——基于产业链的视角 [J]. 冰雪运动，2022，44（1）：10-14.

[20] 孙毅红，刘延淼，张笑昆. 黑龙江省城市社区冰雪体育赛事活动建设研究 [J]. 冰雪运动，2022，44（2）：47-50.

[21] 李克良，赛娜，王紫娟，等. 哈尔滨市冰雪体育赛事之都的实现愿景与实施路径 [J]. 冰雪运动，2021，43（4）：42-46.

[22] 郭芝含，王凯. 冰雪体育用品制造产业的发展困境与升级路径——基于产业链理论

[J].体育成人教育学刊,2021,37(1):16-20,2.

[23] 慕英杰,魏晓峰,王伟.黑龙江省冰雪体育旅游产业发展策略研究[J].南北桥,2022(16):190-192.

[24] 郭爽.黑龙江省冰雪体育旅游资源开发研究[J].当代体育科技,2019,9(15):225-226.

[25] 郑少奇,宋志梁,潘秋雪.冬奥会背景下黑龙江省冰雪体育产业可持续发展路径[J].冰雪体育创新研究,2022(15):51-53.

[26] 闫雪冰,赵凤英,胡庆华.构建黑龙江冰雪体育文化产业发展体系的研究分析[J].冰雪体育创新研究,2022(23):44-46.

[27] 丁军鹏.冰雪体育文化产业链的发展研究[J].冰雪体育创新研究,2022(22):44-46.

[28] 张康,李勇,王诚民.冰雪体育产业与文化产业融合发展的优势及对策研究[J].内江科技,2022,43(7):23-25.

[29] 杨秋梅,董欣.冰雪体育文化结构要素梳理与传播路径研究[J].冰雪体育创新研究,2021(7):15-16.

[30] 石茗茗.基于冰雪体育文化产业发展影响因素分析[J].冰雪体育创新研究,2020(18):41-42.

[31] 郑若涵.新时代背景下我国冰雪体育文化创新发展的策略研究[J].冰雪体育创新研究,2020(18):47-48.

[32] 马耀明.黑龙江省冰雪体育文化的产生及发展研究[J].中外企业家,2019(31):223.

[33] 慕英杰,查显峰,王伟等.黑龙江冰雪体育文化可持续发展研究[J].青年与社会,2019(11):211.